Was man tief in seinem Herzen besitzt, kann man nicht durch den Tod verlieren.

Leben und Tod sind eins, so wie der Fluss und das Meer eins sind.

Wenn du bei Nacht den Himmel anschaust, wird es dir sein, als lachten alle Sterne, weil ich auf einem von ihnen wohne, weil ich auf einem von ihnen lache.

Johann Wolfgang von Goethe

Widmung

Dieses Buch widme ich meiner verstorbenen Schwiegermutter Liselotte Al-Naqib. Mit diesen Zeilen bekräftige ich, dass ich mein Versprechen an dich gehalten habe - ich habe mich liebevoll um Mausi gekümmert.

Liselotte war eine außergewöhnliche Frau - mutig, visionär und ihrer Zeit weit voraus. Schon in jungen Jahren setzte sie sich unermüdlich für die Menschenrechte ein und wurde für ihre wegweisenden Artikel in Österreich von der UNO ausgezeichnet. Ab 1984 engagierte sie sich in Deutschland als Vorsitzende der Hausfrauengewerkschaft und kämpfte leidenschaftlich für die Rechte von Frauen und Familien. Ihrem unermüdlichen Einsatz ist es mit zu verdanken, dass die Erziehungsarbeit von Müttern heute in der deutschen Rentenberechnung anerkannt wird – ein Verdienst, von dem unzählige Menschen profitieren, oft ohne es zu wissen.

Liselotte ist für mich ein leuchtendes Beispiel dafür, dass eine Stimme etwas bewirken kann. Dass Mut und Beharrlichkeit etwas verändern können. Jeder bewusste Schritt, jedes Zeichen, das wir setzen, hat die Kraft, Wellen zu schlagen - und genau darin liegt unsere Chance, diese Gesellschaft und unsere Zeit zum Besseren zu gestalten.

Sei auch du aktiv. Sei eine Stimme. Werde Teil der Veränderung. Die Zukunft beginnt genau jetzt – mit dir.

Lisa, ich danke dir.

Dein Michael

TODESANGST ÜBERWINDEN
KEINE ANGST VOR DEM TOD!

Meine Nahtoderfahrung als Wegweiser für ein bewusstes Leben

K. M. Kurth Al Naqib

Bibliografische Information der Deutschen Nationalbibliothek: Die Deutsche Nationalbibliothek verzeichnet diese Publikation in der Deutschen Nationalbibliografie; detaillierte bibliografische Daten sind im Internet über dnb.dnb.de abrufbar.

Die automatisierte Analyse des Werkes, um daraus Informationen insbesondere über Muster, Trends und Korrelationen gemäß §44b UrhG („Text und Data Mining") zu gewinnen, ist untersagt.

Verlag: BoD · Books on Demand GmbH, In de Tarpen 42, 22848 Norderstedt, bod@bod.de

Druck: Libri Plureos GmbH, Friedensallee 273, 22763 Hamburg

ISBN: 978-3-7693-8931-9

Inhaltsverzeichnis

Kapitel 12: Rituale und spirituelle Techniken für einen bewussten Umgang mit dem Tod........................78

Kapitel 13: Die Bedeutung der Sterbebegleitung und des bewussten Abschiednehmens......................85

Kapitel 17: Nahtoderfahrungen weltweit - Berichte aus unterschiedlichen Kulturen..103

Kapitel 18: Wie uns der Tod ein besseres Leben lehrt.......108

Anhang: Die Vision des Enoch - die älteste Offenbarung Gottes

Ein Symbol der Wahrheit & des Schutzes

Eine Botschaft an Dich – Werde ein Lichtträger der Wahrheit

Jesus Christus (Johannes 11:25-26)

„Ich bin die Auferstehung und das Leben. Wer an mich glaubt, wird leben, auch wenn er stirbt; und jeder, der lebt und an mich glaubt, wird niemals sterben."

Einleitung

Warum schreibe ich dieses Buch? Weil ich es tun muss. Weil es mir aufgetragen wurde. Nicht von einem Verlag, nicht von einem Mentor oder Lehrer – sondern von einer höheren Instanz, die mich wachgerüttelt hat. Es gibt Dinge im Leben, an denen man nicht vorbeikommt. Der Tod ist eine davon. Und doch tun wir so, als ginge er uns nichts an, bis er plötzlich durch die Tür tritt und uns unerbittlich mit unserer eigenen Endlichkeit konfrontiert.

Ich weiß, wovon ich spreche. Ich habe nicht nur einmal, sondern zweimal mit dem Tod gerungen. Vor meiner Krebserkrankung war ich fest in der westlichen Leistungsgesellschaft verankert – erfolgreich, zielstrebig, gefangen in einem System, das keine Fragen, sondern nur Ergebnisse duldet. Doch dann kam die Diagnose, und mit ihr ein Schock, der alles infrage stellte. Ich stand vor einer Wahl: mich dem Schicksal zu ergeben oder auszubrechen. Ich entschied mich für Letzteres, erforschte alternative Heilmethoden und wurde zum Architekten meiner eigenen Genesung. Ich glaubte, das Leben verstanden zu haben. Bis das Jahr 2024 eine noch tiefere Erschütterung brachte.

Ein multiples Organversagen, begleitet von unerträglichen Schmerzen und fiebrigen Halluzinationen, riss mich erneut an den Rand der Existenz. Und dann geschah etwas, das meine Sicht auf die Welt für immer verändern sollte: eine Nahtoderfahrung, die mich in eine Dimension jenseits des Greifbaren führte. Ich verließ meinen Körper und wurde an einen Ort gebracht, den ich nur als „Kommandozentrale" bezeichnen kann – ein Raum der Wahrheit, in dem ich mit aller Klarheit und schonungsloser Direktheit mit meinem Leben konfrontiert wurde. Hier gab es keine Ausflüchte, keine Beschönigungen. Man hielt mir einen Spiegel vor, und das Bild, das ich sah, war nicht immer schmeichelhaft.

Dort, in diesem Zustand zwischen Leben und Tod, wurde mir bewusst: Mein Lebensweg war noch nicht zu Ende. Mir wurden Aufgaben aufgetragen, denen ich mich nicht entziehen konnte. Ich hatte eine Wahl – aber die Alternative war so erschreckend, dass sie keine wirkliche Option war. Und so schwor ich, meinen Auftrag zu erfüllen. Und genau darum geht es in diesem Buch.

Doch diese Mission betrifft nicht nur mich. Sie betrifft Sie. Sie betrifft jeden einzelnen Menschen auf diesem Planeten. Es geht um die Essenz unserer Existenz, um das, was wir verloren haben – und was wir wiederfinden müssen.

Wir leben in einer Gesellschaft, die uns von Geburt an in ein enges Korsett zwängt. Schon im Kindergarten beginnt die Konditionierung, die uns in das Hamsterrad treibt, aus dem es kaum ein Entrinnen gibt. Wir sollen funktionieren, Leistung bringen, unseren Wert an wirtschaftlichen Kennzahlen messen lassen. Wer nicht mehr ins System passt, wird aussortiert. Alte Menschen, die ihr Leben lang gearbeitet haben, durchwühlen Mülleimer nach Pfandflaschen, während Banken und Konzerne sich an Milliarden bereichern. Über zwei Millionen Menschen in Deutschland sind auf Tafeln angewiesen – in einem Land, das jährlich fast eine Billion Euro einnimmt.

Ist das Gerechtigkeit? Ist das unser Geburtsrecht?

Wir sind umgeben von einer Illusion der Freiheit, während wir in Wirklichkeit seit Generationen gezielt manipuliert werden. Familie, Gemeinschaft, Traditionen – all das wurde systematisch ausgehöhlt. Früher war der Tod ein Teil des Lebens. Man trauerte gemeinsam, sprach über den Verstorbenen, trug ihn gemeinsam zu Grabe. Heute sterben Hunderttausende allein in sterilen Krankenhauszimmern, während Maschinen ihre letzten Atemzüge hinauszögern – nicht aus Mitgefühl, sondern weil jedes weitere Beatmungsgerät Geld in die Kassen spült. Und wenn der Leichenschmaus vorbei ist, wird der Verstorbene oft ein zweites Mal begraben – in der Vergessenheit.

Doch es gibt Hoffnung. Denn wir können umkehren. Wir können zurückfinden zu dem, was uns als Menschen ausmacht. Wir können lernen, wieder zu trauern – nicht als lästige Pflicht, sondern als einen Akt der Liebe und des Gedenkens. Wir können lernen, den Tod nicht als Feind, sondern als Lehrer zu begreifen. Denn erst wenn wir akzeptieren, dass unsere Zeit begrenzt ist, beginnen wir, wirklich zu leben.

Dieses Buch ist ein Weckruf. Es ist eine Einladung, die Augen zu öffnen und das Leben in seiner ganzen Tiefe zu begreifen. Es ist ein Manifest für den bewussten Umgang mit Tod und Trauer – und damit für ein erfüllteres Leben.

Wenn Sie dieses Buch lesen, dann nicht aus Zufall.

Vielleicht ist es auch Ihr Auftrag, sich mit diesen Fragen auseinanderzusetzen. Vielleicht ist es an der Zeit, sich zu erinnern. An das, was wirklich zählt.

Der Tod ist nicht das Ende. Und die Trauer ist nicht unser Feind. Sie ist der Weg zurück zu uns selbst.

Lassen Sie uns gemeinsam diesen Weg gehen.

Von Sokrates (469-399 v. Chr.), einem der Begründer der abendländischen Philosophie, möchte ich zwei Zitate zitieren.

„Fürchte nicht den Tod, denn er ist Teil des Lebens. Der Tod ist nicht das Ende, sondern ein neuer Anfang."

„Das Leben und der Tod sind zwei Seiten derselben Medaille. „Der Tod ist der Übergang zur ewigen Weisheit."

Warum habe ich dieses Buch geschrieben?

Ich habe den Tod erlebt. Ich weiß, wie es ist, zu sterben. Viele Menschen haben Angst vor dem Moment des Abschieds. Angst vor dem Unbekannten, vor dem, was danach kommt.

Ich kann Ihnen sagen: Der Tod selbst ist nicht das, wovor Sie sich fürchten müssen. Ich habe ihn durchlebt, ich habe ihn gefühlt, und ich kann Ihnen aus tiefstem Herzen versichern: Es gibt keinen Grund zur Angst.

Als mein physischer Körper seinen letzten Atemzug tat, wurde ich mit einer unbeschreiblichen Leichtigkeit erfüllt. Plötzlich gab es keine Schmerzen mehr, keine Sorgen, keine Last. Ich fühlte mich frei, schwerelos wie eine Feder im Wind. Ich war Licht, reines Bewusstsein, voller Freude und Glückseligkeit. Es war ein Gefühl, das nicht in Worte zu fassen ist – eine Rückkehr nach Hause.

Hätte meine Reise an diesem Punkt geendet, würde ich heute vor Ihnen stehen und schwören: Niemand muss sich vor dem Sterben fürchten. Doch das war nicht das Ende.

Ich kam an einen Ort, den ich nur als "Kommandozentrale" beschreiben kann. Dort wurde ich empfangen, nicht mit offenen Armen, sondern mit einer Klarheit, die mich bis ins Mark erschütterte. Ich bekam eine Standpauke, wie ich sie in meinem ganzen Leben nicht erlebt hatte. Mein Gegenüber – wer oder was auch immer es war – sprach mit einer Autorität, die keine Widerrede duldete. Ich hatte mich meinem eigenen Leben entzogen, hatte den Plan missachtet, mit dem ich auf diese Erde gekommen war. Und dafür gab es Konsequenzen.

Mir wurde eine Wahl gestellt: Zurückkehren oder für eine unbestimmte Zeit in einer Art "Straflager" verweilen. Ich hatte nie geglaubt, dass so etwas existieren könnte, doch in diesem Moment wusste ich: Es war real. Ich hatte meine Lektion zu lernen. Ich entschied mich für das Leben.

Man sagte mir: Jeder Mensch kommt mit einer Aufgabe auf diese Welt. Jeder einzelne von uns hat einen Lebensplan, den es zu erfüllen gilt. Wir sind nicht zufällig hier.

Doch die meisten von uns haben vergessen, warum sie wirklich leben. Wir hetzen durch unseren Alltag, gefangen in Verpflichtungen, Konsum und Ablenkungen. Und eines Tages, wenn unser irdisches Dasein endet, stehen wir vor der großen Abrechnung.

Ich durfte Einblick nehmen in das, was nach dem Tod passiert. Und ich erkannte, dass es drei mögliche Urteile gibt:

1. **Die Rückkehr ins Leben:** Eine zweite Chance, das eigene Dasein bewusster zu leben, Fehler zu korrigieren und die eigene Bestimmung zu erfüllen.

2. **Die seelische Gefangenschaft:** Eine Art "Straflager" für jene, die sich ihrer Verantwortung entzogen, die mutwillig gegen den großen Plan verstoßen.

3. **Die Ehrung und der Aufstieg:** Wer sein Leben in Liebe, Wahrheit und Mitgefühl gelebt hat, wird empfangen, gewürdigt und findet seinen Platz in einer neuen Dimension des Seins.

Die meisten Menschen werden sich zwischen Urteil zwei und drei wiederfinden.

Die Frage ist: Wo werden Sie stehen, wenn es eines Tages soweit ist?

Ich habe dieses Buch geschrieben, weil ich den Menschen die Augen öffnen will. Weil wir aufhören müssen, vor dem Tod wegzulaufen und stattdessen anfangen sollten, wirklich zu leben. Unser Leben ist ein Geschenk, eine Aufgabe, eine Reise mit einem Sinn. Und wenn wir diesen Sinn nicht erkennen, wenn wir nur existieren, statt bewusst zu sein, dann werden wir eines Tages voller Reue zurückblicken.

In diesem Buch finden Sie 12 kraftvolle Reflexionen & Übungen zur Angstbewältigung und Bewusstseinserweiterung. Hier beginnen wir mit der ersten:

Die letzte Stunde Ihres Lebens

Frage: Stellen Sie sich vor, Sie hätten noch eine Stunde zu leben. Was würden Sie jetzt tun? Wem würden Sie schreiben, wen würden Sie anrufen?

Übung: Schreiben Sie es auf - und fragen Sie sich dann: **Warum tun Sie es nicht bereits jetzt?**

Es ist an der Zeit, dass wir aufwachen. Dass wir uns erinnern, wer wir wirklich sind. Dass wir die Werte, die unsere Vorfahren kannten, wiederentdecken – Liebe, Zusammenhalt, Achtsamkeit.

Wir müssen uns fragen: Was hinterlassen wir unseren Kindern und Enkeln? In welcher Welt sollen sie leben? Eine Welt voller Angst, Oberflächlichkeit und Materialismus? Oder eine Welt voller Liebe, Bewusstsein und Wahrheit?

Dieses Buch ist ein Weckruf für Sie und für uns alle.

Lassen Sie uns gemeinsam den ersten Schritt machen. Besinnen wir uns auf das, was wirklich von Bedeutung ist, bevor es zu spät ist.

Der Tod als Tabu in der modernen Gesellschaft

Warum spricht niemand mehr über den Tod? Warum tun wir so, als ob er nicht existiert, obwohl wir alle wissen, dass kein Mensch ihm entkommen kann? Wir verdrängen, vermeiden und umgeben uns mit Ablenkungen, um nicht an unsere eigene Endlichkeit erinnert zu werden. Doch genau das macht uns schwächer, ängstlicher und unfähig, den Tod als natürlichen Teil des Lebens zu akzeptieren.

In früheren Zeiten war das anders. Unsere Vorfahren lebten mit dem Wissen, dass der Tod zum Leben gehört. Sie ehrten ihre Ahnen, sprachen über das Sterben und sahen es nicht als dunkle Bedrohung, sondern als Übergang in eine andere Existenzform. Der Tod war keine Niederlage, sondern ein natürlicher Schritt auf einer langen Reise.

Heute jedoch hat sich unser Verhältnis zum Tod dramatisch verändert. Der Tod wurde aus unserem Alltag verbannt. Er findet in Krankenhäusern oder hinter verschlossenen Türen statt, weit entfernt von unserer Wahrnehmung. In den Medien sehen wir Gewalt und Sterben in Filmen und Nachrichten, aber wir haben verlernt, damit im echten Leben umzugehen. Kinder werden oft nicht mehr mitgenommen, wenn ein geliebter Mensch stirbt, und Trauer wird zur privaten Angelegenheit erklärt, die möglichst schnell überwunden werden soll.

Doch was geschieht, wenn wir den Tod aus unserem Bewusstsein verdrängen? Er wird zu einem Schreckgespenst, zu etwas Unfassbarem, das uns Angst macht. Menschen fürchten sich nicht vor dem Tod selbst, sondern vor dem Unbekannten, das durch unser Schweigen und unsere Tabuisierung entsteht. Diese Angst lähmt uns, hält uns davon ab, wirklich zu leben, bewusst zu genießen und die Zeit, die wir haben, wertzuschätzen.

Es ist an der Zeit, sich daran zu erinnern:

- Dass der Tod uns nicht vernichtet, sondern uns zurückführt.

- Dass unsere Ahnen ihn nicht fürchteten, sondern ihn als Lehrer und Begleiter ansahen.

- Dass jeder von uns eines Tages diese Reise antreten wird – und dass es viel weiser wäre, sie mit offenen Augen zu empfangen, statt sie aus Angst zu ignorieren.

Dieses Buch ist ein Weckruf. Ein Aufruf, den Tod nicht länger als Tabu zu betrachten, sondern ihn als das zu erkennen, was er ist: ein natürlicher Teil unseres Daseins. Wer den Tod versteht, versteht das Leben. Wer ihm ohne Angst begegnet, lebt freier, mutiger, erfüllter. Und genau das wünsche ich Ihnen von Herzen: ein Leben, das nicht von Angst, sondern von Bewusstsein und Liebe geleitet wird.

Die Zeit ist gekommen, dass wir aufstehen, dass wir alte Wahrheiten wieder ans Licht bringen, dass wir uns auf das besinnen, was wirklich zählt. Für uns. Für unsere Kinder. Für eine Gesellschaft, die den Wert des Lebens wieder erkennt.

Wer spricht über die Angst vor dem Tod?

Psychologen und Therapeuten

- Sie erforschen, wie die Angst vor dem Tod unsere Psyche beeinflusst.
- Thanatophobie (krankhafte Angst vor dem Tod) ist ein bekanntes Phänomen.
- Viele Ängste im Leben (z.B. Kontrollverlust, Einsamkeit) haben oft einen tieferen Zusammenhang mit der Angst vor dem Tod.

Spirituelle Lehrer & Philosophen

- Viele spirituelle Traditionen (Buddhismus, Hinduismus, Schamanismus) sehen den Tod als Übergang.
- Philosophen wie Seneca oder Epikur lehren, dass der Tod nichts ist, wovor man sich fürchten muss.

Sterbebegleiter & Palliativmediziner

- Sie erleben täglich, wie Menschen mit dem nahenden Tod umgehen.
- Viele berichten, dass die größte Angst oft nicht der Tod ist, sondern das „nicht gelebte Leben".

Ganz gewöhnliche Menschen wie Sie und ich

- Viele Menschen haben Angst vor dem Sterben - oft, weil sie sich noch nie intensiv damit auseinandergesetzt haben. Andere haben Angst vor dem Verlust geliebter Menschen oder vor dem Unbekannten.

Menschen mit Nahtoderfahrungen

- Ihre Berichte haben vielen Menschen geholfen, den Tod mit anderen Augen zu sehen.

- Sie sprechen oft von Lichtwesen, Liebe und dem Gefühl, nach Hause zu kommen.

Mein persönlicher Blick auf den Tod

Der Tod – für viele Menschen das große Unbekannte, eine dunkle Grenze, die Angst macht. Doch für mich ist er das nicht. Ich durfte ihn erleben, ihn fühlen, ihn erfahren. Und diese Erfahrung hat meine Sicht auf das Leben für immer verändert.

Als ich meinen Körper verließ, geschah etwas Wundervolles. Plötzlich war da eine unendliche Leichtigkeit, ein Gefühl von Frieden, das sich mit Worten kaum beschreiben lässt. Kein Schmerz, keine Last, keine Sorgen – nur reines, pures Sein. Ich fühlte mich getragen, als würde ich von einer sanften Brise emporgehoben, schwerelos und voller Glückseligkeit. Ich sah meinen Körper zurückbleiben, aber ich empfand keine Angst, keine Trauer – nur eine tiefe, alles umfassende Liebe.

Doch die Reise war noch nicht zu Ende. Ich wurde weitergeführt, an einen Ort, den ich nur als die "Kommandozentrale" bezeichnen kann. Dort erwartete mich nicht nur Wärme und Geborgenheit, sondern auch eine Begegnung, die mich wachgerüttelt hat. Ich erhielt Einsicht in mein Leben, in meine Taten, meine Entscheidungen, meine Lernaufgaben. Und ich erkannte: Jeder von uns hat einen Plan, eine Bestimmung, eine Aufgabe, die er hier auf der Erde erfüllen soll. Mein Weg war noch nicht zu Ende – und so kehrte ich zurück.

Diese Erfahrung hat mir die Angst vor dem Tod genommen, denn ich weiß jetzt, dass er nicht das Ende ist. Der Tod ist ein Übergang, eine Heimkehr, ein Schritt in eine andere Realität, die genauso real ist wie das Leben, das wir hier führen. Ich habe verstanden, dass wir als Seelen unendlich sind, dass wir immer weiterlernen, weiterreisen, weiterwachsen. Und dass alles, was wir hier auf der Erde tun, Bedeutung hat.

Ich möchte, dass Sie wissen: Der Tod ist nichts, wovor wir uns fürchten müssen. Vielmehr sollten wir unser Leben so führen, dass wir ihm eines Tages mit einem Lächeln begegnen können, wissend, dass wir es mit Liebe, Mitgefühl und Sinn erfüllt haben. Lassen Sie uns gemeinsam lernen, den Tod nicht als Feind zu betrachten, sondern als Lehrer – einen Lehrer, der uns zeigt, wie wertvoll jeder einzelne Moment unseres Lebens ist.

Warum haben so viele Menschen Angst vor dem Tod?

Die Angst vor dem Tod ist tief in der menschlichen Natur verankert. Sie begleitet uns wie ein Schatten, oft unbewusst, manchmal allgegenwärtig. Doch woher kommt diese Angst? Warum fürchten wir das Unvermeidliche, das jeder von uns irgendwann erleben wird?

Ein wesentlicher Grund liegt in der Unwissenheit. Der Tod ist das große Unbekannte. Wir können ihn nicht greifen, nicht verstehen, nicht kontrollieren. Was passiert nach dem letzten Atemzug?

Gibt es ein Leben danach oder versinken wir in ein Nichts? Diese Unsicherheit erzeugt Angst – Angst vor dem Ungewissen, Angst vor dem Ende unserer Existenz.

Doch diese Angst ist nicht natürlich. Sie wurde uns beigebracht. In unserer modernen Gesellschaft wird der Tod verdrängt. Er ist ein Tabuthema, über das wir nicht sprechen, das wir aus unserem Leben verbannen. Der Tod findet hinter verschlossenen Türen statt, in Krankenhäusern, in Pflegeheimen, fernab unseres Alltags. Früher war es anders. Unsere Vorfahren lebten mit dem Tod, sie ehrten ihre Ahnen, hielten Totenwachen, erzählten Geschichten über das

Sich der Angst stellen

Frage: Was genau macht Angst vor dem Tod? Ist es das Unbekannte? Das Nicht-Sein? Das Zurücklassen geliebter Menschen?

Übung: Schreiben Sie Ihre Ängste detailliert auf - und hinterfragen Sie sie. Sind sie begründet? Woher kommen sie?

Leben nach dem Tod. Der Tod war ein Teil des Lebens, nicht sein Feind.

Ein weiterer Grund für die Angst ist unser materielles Denken. Wir identifizieren uns mit unserem Körper, mit unserem Besitz, mit unseren Errungenschaften. Der Tod scheint all das zu nehmen. Wir haben Angst, zu verschwinden, bedeutungslos zu werden, vergessen zu werden. Doch was, wenn der Tod nicht das Ende ist? Was, wenn er nur ein Übergang ist, eine Rückkehr nach Hause? Viele spirituelle Traditionen und Nahtoderfahrungen deuten genau darauf hin.

Die größte Angst vieler Menschen ist jedoch die Angst, nicht richtig gelebt zu haben. Was, wenn wir unser Potenzial nicht ausgeschöpft haben? Was, wenn wir zu viel Zeit mit Unwichtigem verbracht haben? Was, wenn wir am Ende bereuen, nicht genug geliebt, nicht genug gegeben, nicht genug gefühlt zu haben?

Der Tod hält uns einen Spiegel vor und zwingt uns, Bilanz zu ziehen. Das kann beängstigend sein – aber es kann auch eine Befreiung sein. Denn wer die Endlichkeit begreift, beginnt, wirklich zu leben.

Die Angst vor dem Tod kann uns lähmen – oder sie kann unser größter Lehrer sein.

Wenn wir erkennen, dass der Tod nicht unser Feind ist, sondern ein natürlicher Teil unseres Seins, dann können wir ihn als Begleiter akzeptieren, als Erinnerung daran, dass jeder Moment zählt. Dann hören wir auf, unser Leben aufzuschieben. Dann beginnen wir, bewusster zu leben, intensiver zu lieben, mutiger zu handeln. Und vielleicht – ja, vielleicht – verwandelt sich die Angst in Frieden.

Altes Ägypten

Inschrift aus einer Grabkammer

„Ich bin nicht tot. Ich bin nur in die nächste Kammer des Lebens eingetreten. Weine nicht um mich, sondern lebe – denn ich bin jetzt frei."

TEIL 1: DIE ANGST VOR DEM TOD – URSPRUNG UND FOLGEN

Kapitel 1: Woher kommt die Angst vor dem Tod?

Die Angst vor dem Tod ist so alt wie die Menschheit. Sie begleitet uns wie ein Schatten, oft unbewusst, manchmal lähmend, aber immer präsent. Doch woher kommt sie? Warum fürchten wir uns vor dem Unausweichlichen?

Ein wesentlicher Ursprung dieser Angst liegt in unserem menschlichen Bewusstsein. Wir sind die einzige Spezies auf diesem Planeten, die sich ihrer Endlichkeit bewusst ist. Der Gedanke, dass unser Leben einmal zu Ende gehen wird, löst Unsicherheit aus. Was geschieht nach unserem letzten Atemzug? Gibt es ein Weiterleben oder versinken wir im Nichts? Die Ungewissheit über das, was kommt, erzeugt Angst.

Ein weiterer Grund ist unsere gesellschaftliche Prägung. In der modernen Welt ist der Tod aus unserem Alltag verbannt. Er findet hinter verschlossenen Türen statt - in Krankenhäusern, Pflegeheimen oder Krematorien. Früher gehörte der Tod zum Leben. Familien begleiteten Sterbende bis zum letzten Moment, Totenrituale waren tief in der Kultur verwurzelt. Heute ist er zu einem Tabuthema geworden. Und was wir verdrängen, beginnt uns Angst zu machen.

Auch Religionen und Weltanschauungen haben die Angst vor dem Tod geprägt. Während die einen ein Weiterleben der Seele versprechen, warnen andere vor einem göttlichen Gericht. Viele Menschen wachsen mit der Angst auf, „nicht gut genug" gewesen zu sein - und fürchten die Konsequenzen im Jenseits.

Nicht zuletzt ist die Angst vor dem Tod eng mit der Angst vor Kontrollverlust verbunden. Wir sind es gewohnt, unser Leben zu gestalten, Entscheidungen zu treffen.

Aber müssen diese Ängste wirklich unser Leben bestimmen? Oder kann sie uns lehren, bewusster zu leben? Die Antwort liegt in unserem Umgang mit dem Tod.

Evolutionäre und biologische Ursprünge der Todesangst

Die Angst vor dem Tod ist tief in unserem Erbgut verankert. Sie ist kein zufälliges Gefühl, sondern das Ergebnis eines Jahrmillionen währenden Überlebenskampfes. Unsere Vorfahren, die ein ausgeprägtes Gefahrenbewusstsein hatten, überlebten eher als diejenigen, die leichtsinnig oder furchtlos waren. So wurde Angst als Schutzmechanismus zur treibenden Kraft der Evolution.

Jede Art entwickelt Überlebensstrategien. Tiere fliehen vor Raubtieren, Pflanzen passen sich ihrer Umgebung an - und der Mensch entwickelt die Fähigkeit, Gefahren vorherzusehen.

Unser Gehirn ist darauf programmiert, Bedrohungen zu erkennen und ihnen auszuweichen. Die Angst vor dem Tod ist einer der mächtigsten Instinkte, denn sie sichert unser Überleben.

Entscheidend dafür ist das limbische System, der älteste Teil unseres Gehirns. Hier werden Urängste gesteuert, darunter die Angst vor Schmerz, Verlust und Tod. In Bruchteilen von Sekunden bewertet unser Körper eine Situation und entscheidet, ob Flucht oder Kampf die beste Option ist. Doch während Angst früher konkrete Gefahren signalisierte - Raubtiere, Absturz, Naturkatastrophen - hat sich unser Lebensraum verändert. Die Todesangst ist geblieben, aber die unmittelbaren Gefahren sind abstrakter geworden.

Ein weiterer biologischer Aspekt ist die Verdrängung des Todes. Wäre sich der Mensch ständig seiner Sterblichkeit bewusst, könnte er kaum ein normales Leben führen. Unser Gehirn schützt uns deshalb vor einer ständigen Auseinandersetzung mit dem Tod - bis wir durch Krankheit, Verlust oder persönliche Krisen damit konfrontiert werden.

Doch genau hier liegt die Herausforderung: Die Angst, die uns einst schützte, kann uns heute lähmen. Wenn wir verstehen, dass sie ein Relikt der Evolution ist, können wir beginnen, uns von ihr zu befreien. Denn während unsere Vorfahren ums Überleben kämpfen mussten, haben wir heute die Möglichkeit, den Tod als Teil des Lebens anzunehmen - und dadurch bewusster zu leben.

Kulturelle und religiöse Prägungen

Die Angst vor dem Tod ist nicht nur ein biologisches Erbe, sondern auch das Ergebnis jahrtausendelanger kultureller und religiöser Prägung. Über Generationen hinweg galt der Tod nicht nur als Ende des Lebens, sondern auch als moralische Prüfung, als Übergang in ein „Danach", das je nach Glauben Himmel, Hölle, Wiedergeburt oder völliges Vergessen bedeuten konnte.

In den frühen Kulturen war der Tod oft ein natürlicher Bestandteil des Lebens. Die Menschen lebten mit dem Tod, ehrten ihre Ahnen und sahen den Tod nicht als endgültiges Ende, sondern als Übergang zu etwas Größerem. Viele indigene Völker, die alten Ägypter, Griechen und Römer entwickelten Konzepte des Weiterlebens und der Seelenwanderung, in denen der Tod nicht gefürchtet, sondern als Teil eines göttlichen Kreislaufs verstanden wurde.

Mit dem Aufstieg der monotheistischen Religionen, insbesondere des Christentums und des Islams, begann sich das Bild zu wandeln. Die Kirchen erkannten früh die Macht der Angst und machten den Tod zu einem Instrument der Kontrolle. Die Vorstellung vom strafenden Gott, vom Jüngsten Gericht und von der ewigen Verdammnis hat sich über Jahrhunderte tief in die Psyche der Menschen eingebrannt. Wer sich nicht an ein religiöses Gebot hielt, sollte nach dem Tod bestraft werden. So wurde aus der Angst vor dem

Tod die Angst vor der Hölle - eine Angst, die sich nicht nur auf den Tod selbst bezog, sondern das ganze Leben beeinflusste.

Vor allem die katholische Kirche spielte bei der Manipulation des Todesbildes eine entscheidende Rolle. Die ursprüngliche Lehre von der Reinkarnation, die in den frühchristlichen Schriften zu finden war, wurde 553 auf dem Zweiten Konzil von Konstantinopel offiziell aus der Kirche verbannt. Warum? Weil die Vorstellung, dass die Seele immer wieder auf die Erde zurückkehrt, dem Menschen eine zweite Chance gibt - eine Chance, die die Kirche nicht akzeptieren wollte. Denn ein Mensch, der glaubt, nur ein Leben zu haben, ist leichter zu kontrollieren und durch Angst und Schuldgefühle manipulierbar.

Aber nicht nur die Religionen, sondern auch die modernen Kulturen verstärken die Angst vor dem Tod. Die westliche Gesellschaft ist geprägt von Jugendwahn, Materialismus und Verdrängung der Endlichkeit. Der Tod wird verdrängt, tabuisiert und aus dem Alltag verbannt. Während er in vielen östlichen Kulturen als natürlicher Übergang gesehen wird, ist er im Westen ein Ereignis jenseits davon, das so lange wie möglich hinausgezögert und am besten ignoriert wird.

Wenn wir jedoch verstehen, dass viele unserer Ängste durch jahrhundertealte Dogmen und kulturelle Normen geformt wurden, können wir beginnen, uns von ihnen zu befreien. Der Tod ist kein Feind - er ist ein Lehrer. Und wenn wir ihn wieder als natürlichen Teil unseres Daseins akzeptieren, können wir endlich die Angst loslassen, die uns so lange gefangen gehalten hat.

Eine alttibetische Weisheit

„Wenn du dein Leben tief verstehst, wirst du den Tod nicht mehr fürchten. Denn du erkennst, dass du niemals wirklich geboren wurdest und niemals wirklich sterben wirst."

Die Rolle von Kirche und Gesellschaft in der Verdrängung des Todes

D ie Verdrängung des Todes ist kein Zufall - sie wurde über Jahrhunderte bewusst gefördert. Sowohl die Kirche als auch politische und wirtschaftliche Interessen haben dazu beigetragen, den Tod aus dem öffentlichen Bewusstsein zu verdrängen. Warum? Weil ein Mensch, der sich seiner Endlichkeit bewusst ist, der den Tod nicht fürchtet, sondern als natürlichen Übergang akzeptiert, schwerer zu kontrollieren ist.

Die Kirche und die Verdrängung des Todes

Die großen monotheistischen Religionen haben ein System geschaffen, das den Tod nicht als natürlichen Teil des Lebens, sondern als Prüfung, Gericht oder gar Strafe darstellt. Insbesondere die katholische Kirche hat über Jahrhunderte ein System der Angst aufgebaut. Wer nicht nach den Regeln der Kirche lebte, dem drohte das Fegefeuer oder gar die ewige Verdammnis. So wurden die Menschen in ständiger Angst gehalten, nicht nur vor dem Tod selbst, sondern auch vor dem „Danach".

Der Einfluss der Kirche geht aber noch weiter:

- Die Reinkarnationslehre, die es in den frühchristlichen Schriften gab, wurde bewusst aus der Bibel entfernt. Warum? Weil ein Mensch, der an die Wiedergeburt glaubt, nicht erpressbar ist. Die Drohung mit Himmel und Hölle verliert ihre Macht, wenn man weiß, dass die Seele weitergeht.

- Rituale des bewussten Sterbens, wie sie in alten Kulturen üblich waren, wurden als heidnisch verteufelt. Stattdessen verlegte man den Tod in Krankenhäuser und Kirchen - weit weg vom Alltag der Menschen.

Gesellschaft und Tod als Tabu

Parallel dazu entwickelte sich eine materialistische Gesellschaft, in der das Leben nur im Hier und Jetzt zählte. Der Tod war zum Scheitern verurteilt.

Wer stirbt, hat **„den Kampf verloren"**. Vor allem in der westlichen Welt gilt Altern als Makel, Krankheit als Schwäche und der Tod wird aus der Öffentlichkeit verbannt.

Daran haben auch die Politik und mächtige Geheimbünde ein Interesse. Ein Mensch, der seine eigene Beständigkeit akzeptiert, ist nicht manipulierbar. Wer den Tod nicht fürchtet, hat keine Angst vor Autoritäten, Kriegen oder wirtschaftlicher Abhängigkeit. Stattdessen wird der Mensch in einer Blase gehalten: Konsum, Ablenkung, Angst. Ein ängstlicher Mensch ist leichter zu kontrollieren.

Die Folge: Ein Leben in Angst statt in Bewusstheit.

Durch die bewusste Verdrängung des Todes leben die meisten Menschen in einem Zustand der Verleugnung. Doch genau das führt dazu, dass sie am Ende ihres Lebens voller Reue zurückblicken. Wenn wir den Tod wieder in unser Bewusstsein holen, wenn wir ihn als Lehrer und nicht als Feind betrachten, dann können wir frei leben.

Die Zeit ist gekommen, diesen Kreislauf zu durchbrechen.

Kapitel 2: Wie beeinflusst Angst unser Leben?

Die Angst vor dem Tod ist mehr als nur ein vorübergehendes Gefühl - sie beeinflusst unser ganzes Leben, oft ohne dass wir uns dessen bewusst sind. Sie prägt unsere Gedanken, unsere Entscheidungen und unser Handeln. Wer die Angst nicht versteht, wird von ihr beherrscht. Wer sie erkennt, kann sich von ihr befreien.

Die unsichtbare Kontrolle der Angst vor dem Tod

Viele Menschen denken nicht täglich an den Tod, und doch wirkt seine Angst unterschwellig in allem, was sie tun. Sie hält uns davon ab, Risiken einzugehen, sie zwingt uns in Routinen, sie lässt uns Kompromisse eingehen, statt unser volles Potenzial zu leben. Angst macht uns gefügig, manipulierbar - sie hindert uns daran, wirklich frei zu sein.

- **Karriere und Sicherheit:** Viele Menschen bleiben in Jobs, die sie nicht erfüllen, nur weil sie nach finanzieller Sicherheit streben. Aber was ist diese Sicherheit wert, wenn das Leben an ihnen vorbeizieht?

- **Beziehungen:** Aus Angst vor Einsamkeit bleiben viele Menschen in unglücklichen Beziehungen. Sie klammern sich an Menschen, die ihnen nicht gut tun, weil der Gedanke, allein zu sein, unerträglicher erscheint als ein Leben in Mittelmäßigkeit.

- **Soziale Kontrolle:** Angst ist ein mächtiges Instrument, um Menschen zu kontrollieren. Angst vor Krankheit, vor Krieg, vor wirtschaftlichem Ruin - all das hält die Gesellschaft in einem Zustand permanenter Unsicherheit. Wer Angst hat, sucht Schutz - und wird manipulierbar.

Angst vor dem Tod ist Angst vor dem Leben

Die größte Tragödie ist, dass gerade die Angst vor dem Tod viele Menschen davon abhält, wirklich zu leben. Sie meiden Herausforderungen, schieben Träume auf, wählen den „sicheren Weg", um am Ende ihres Lebens festzustellen, dass sie nie wirklich gelebt haben.

Was aber, wenn wir den Tod nicht als Feind, sondern als Lehrer begreifen?

Wenn wir begreifen würden, dass unser Leben endlich ist, könnten wir jeden Tag intensiver nutzen. Wir würden mutiger handeln, mehr lieben, weniger widersprüchlich sein.

Die Angst vor dem Tod ist ein Schatten, der unser Leben verdunkelt. Doch wer diesen Schatten durchbricht, erkennt das Licht dahinter - die Freiheit, bewusst zu leben.

Angst vor dem Tod als Ursache für viele psychische Belastungen

Die Angst vor dem Tod ist eine der mächtigsten Ängste des Menschen - und doch wird sie selten als solche erkannt. Sie wirkt im Verborgenen, beeinflusst unser Denken, Fühlen und Handeln. Viele Menschen wissen nicht, dass die Wurzeln ihrer Unsicherheiten, Sorgen und psychischen Belastungen in der tiefen Angst vor der eigenen Endlichkeit liegen.

Verdrängte Angst vor dem Tod als unterschwelliger Stress

Der modernen Gesellschaft ist es gelungen, den Tod fast vollständig aus dem Alltag zu verdrängen. Er findet in Krankenhäusern und Pflegeheimen statt, fernab unseres Blickfeldes. Wir wachsen in der Illusion auf, der Tod gehe uns nichts an - bis wir plötzlich damit konfrontiert werden. Ein schwerer Verlust, eine Krankheit, ein Unfall oder einfach das Alter reißen die schützende Illusion nieder.

Doch weil der Tod in unserer Kultur tabuisiert ist, wissen viele Menschen nicht, wie sie mit dieser Konfrontation umgehen sollen. Sie spüren Angst, Unruhe und eine tiefe Verunsicherung - und weil sie keine Worte dafür haben, äußert sich diese Angst auf andere Weise:

- **Panikattacken und Angststörungen:** Unklare, diffuse Ängste, die keinen konkreten Auslöser zu haben scheinen, können oft auf eine verdrängte Todesangst zurückgeführt werden.

- **Depressionen:** Wer sich unbewusst mit seiner Endlichkeit konfrontiert sieht, kann in eine Sinnkrise geraten. „Was nützt mir das alles, wenn ich sowieso sterben muss?" ist eine Frage, die viele Menschen ins Leere stürzen kann.

- **Zwangsstörungen und Kontrollzwang:** Viele Menschen versuchen, ihre tief sitzenden Ängste zu kompensieren, indem sie ihren Alltag extrem kontrollieren - sei es durch Rituale, übertriebene Hygiene oder zwanghaftes Planen.

- **Hypochondrie und Krankheitsangst:** Die Angst vor Krankheiten ist oft nichts anderes als die Angst vor dem Sterben. Menschen, die jeden Schmerz als potentiell tödlich empfinden, kämpfen in Wirklichkeit mit ihrer Todesangst.

Der Zusammenhang zwischen Todesangst und Stress

Unbewusste Angst erzeugt Stress - und chronischer Stress kann den Körper stark belasten. Wissenschaftliche Studien zeigen, dass anhaltende Angst das Immunsystem schwächt, den Blutdruck erhöht und zu Herz-Kreislauf-Erkrankungen führen kann.

Noch gravierender ist jedoch die psychische Belastung: Viele Menschen leben in einem permanenten Zustand unterschwelliger Angst, der sie daran hindert, ihr Leben zu genießen. Sie suchen Ablenkung in Arbeit, Konsum oder digitalen Welten, nur um der stillen Konfrontation mit ihrer Endlichkeit zu entkommen.

Der Ausweg: Angst bewusst machen

Die Angst vor dem Tod ist nicht das Problem - das Problem ist, dass wir sie nicht wahrhaben wollen. Sobald wir beginnen, uns bewusst mit unserer eigenen Vergänglichkeit auseinanderzusetzen, verliert die Angst ihre Macht.

- Achtsamkeit und Meditation helfen, den Tod als natürlichen Prozess zu akzeptieren.

- Gespräche über den Tod nehmen ihm das Tabu und damit viel von seiner Bedrohlichkeit.

- Spirituelle Perspektiven können Trost spenden - seien es Nahtoderfahrungen, Reinkarnationslehren oder der Glaube an eine höhere Ordnung.

Wer die Angst vor dem Tod annimmt, statt sie zu verdrängen, wird erkennen, dass sie ein Wegweiser ist: Sie fordert uns auf, das Leben nicht aufzuschieben, sondern es jetzt zu leben.

Verdrängung und Ablenkung – Warum wir den Tod nicht wahrhaben wollen

Der Mensch ist das einzige Wesen, das sich seiner Sterblichkeit bewusst ist. Doch anstatt sich diesem Wissen zu stellen, tut er alles, um es zu verdrängen. Der Tod ist das letzte große Tabu unserer Zeit - ein Thema, das man lieber meidet, das Angst macht und das nicht in unsere Welt der Zerstreuung, des Konsums und der Selbstinszenierung passt. Aber warum ist das so? Warum scheuen wir uns so, über den Tod nachzudenken, wo er doch die einzige Gewissheit in unserem Leben ist?

Die Angst vor dem Unbekannten

Ein wesentlicher Grund für die Verdrängung des Todes liegt in der tiefen Angst vor dem Unbekannten. Wir wissen nicht mit letzter Sicherheit, was nach dem letzten Atemzug geschieht. Die Religionen geben unterschiedliche Antworten, die jedoch im Laufe der Jahrhunderte durch Machtinteressen verzerrt wurden. Die Wissenschaft kann keine endgültige Erklärung liefern, und persönliche Nahtoderfahrungen und spirituelle Erlebnisse werden von vielen ignoriert oder belächelt.

Dieses Nichtwissen erzeugt Angst - und Angst will vermieden werden. Statt sich dem Unvermeidlichen zu stellen, flüchtet man sich in Ablenkung.

Ablenkungsmechanismen der modernen Welt

Unsere Gesellschaft bietet unzählige Möglichkeiten, sich nicht mit dem Tod auseinanderzusetzen:

- **Ständige Beschäftigung:** Arbeit, Verpflichtungen, Termine - der Mensch hält sich ständig beschäftigt, um nicht innezuhalten und über existenzielle Fragen nachzudenken.

- **Konsum & Vergnügen:** Shopping, Social Media, Unterhaltung - wir leben in einer Welt, die uns ständig mit Reizen überflutet. Das ist kein Zufall: Wer konsumiert, fragt nicht nach dem Sinn des Lebens.

- **Jugend- und Schönheitswahn:** Altern gilt als Makel. Falten werden geglättet, graue Haare gefärbt, Krankheiten tabuisiert. Alles, was an Endlichkeit erinnert, wird verdrängt.

- **Medizinische Kontrolle:** Der Tod soll möglichst lange hinausgezögert werden. Die moderne Medizin suggeriert Unsterblichkeit, doch wenn das Ende kommt, trifft es viele unvorbereitet.

Die Kosten der Verdrängung

Was aber passiert, wenn wir den Tod aus unserem Bewusstsein verdrängen? Die Verdrängung kostet uns viel mehr, als sie uns bringt. Denn wer den Tod nicht akzeptiert, lebt in ständiger Unruhe. Die Angst bleibt, schleicht sich in andere Lebensbereiche, manifestiert sich in Stress, Angststörungen oder übertriebenem Sicherheitsdenken.

Ironischerweise ist es gerade die Angst vor dem Tod, die das wahre Leben verhindert. Wer den Tod fürchtet, lebt vorsichtig, wagt weniger, bleibt in seiner Komfortzone - und stirbt am Ende, ohne wirklich gelebt zu haben.

Der Schlüssel: die bewusste Konfrontation

Der erste Schritt, sich von der Angst vor dem Tod zu befreien, ist, ihn nicht mehr zu verdrängen. Statt vor ihm wegzulaufen, sollten wir uns mit ihm auseinandersetzen - durch Nachdenken, durch Gespräche, durch spirituelle Einsichten.

Denn wer den Tod annimmt, lebt bewusster. Und wer keine Angst vor ihm hat, ist endlich frei.

Der Spiegel des Lebens

Frage: Wenn Ihr Leben ein Film wäre, den Sie gerade sehen, wären Sie mit der Handlung zufrieden?

Übung: Schreiben Sie 3 Dinge auf, die Sie ändern würden, um ein erfüllteres Leben zu führen.

Der Einfluss der Angst auf unsere Lebensentscheidungen

Die Angst ist der unsichtbare Faden, der das Leben vieler Menschen bestimmt, ohne dass sie sich dessen bewusst sind. Sie beeinflusst unser Denken, unser Handeln und vor allem unsere Entscheidungen. Besonders die Angst vor dem Tod hat eine durchdringende Macht - sie macht uns klein, sie lähmt uns und lässt uns oft ein Leben führen, das nicht unser eigenes ist.

Wie Angst unsere Entscheidungen manipuliert

Jede Entscheidung, die wir treffen, beruht auf zwei grundlegenden Impulsen: Liebe oder Angst. Während die Liebe uns öffnet, wachsen lässt und neue Möglichkeiten eröffnet, hält uns die Angst zurück. Sie flüstert uns Zweifel ein, macht uns vorsichtig, hindert uns daran, Risiken einzugehen.

Aber was passiert, wenn die Angst unser Leben bestimmt?

Aus Angst vor dem Scheitern wählen wir den sicheren Job und nicht unsere wahre Berufung. Wir bleiben in ungesunden Beziehungen, weil uns die Einsamkeit noch beängstigender erscheint. Wir verstecken unsere wahre Persönlichkeit hinter Masken, weil wir Angst haben, nicht akzeptiert zu werden.

Angst beeinflusst nicht nur unser eigenes Leben, sondern auch das kollektive Bewusstsein der Gesellschaft. Ganze Generationen werden dazu erzogen, den vorgezeichneten Weg zu gehen - Schule, Ausbildung, Arbeit, Rente. Eigenständiges Denken wird oft nicht gefördert, weil ein Mensch, der seine Ängste überwindet, schwer zu kontrollieren ist.

Flucht in Süchte und Ablenkungen

Viele Menschen spüren, dass sie nicht ihr wahres Leben leben. Doch anstatt sich mit den Ursachen auseinanderzusetzen, suchen sie nach Möglichkeiten, die innere Unruhe zu betäuben. Drogen, Alkohol, exzessiver Konsum, Social Media, ständige Ablenkung - all das sind Fluchtstrategien. Sie helfen, die Angst für einen Moment zu vergessen, lösen aber nicht das eigentliche Problem.

Die Ironie ist, dass gerade die Menschen, die den Tod am meisten verdrängen, oft am unbewusstesten leben. Sie schieben das Leben auf „später", aus Angst, Fehler zu machen oder zu versagen. Aber was passiert am Ende? Sie erkennen, dass „später" nie kommt - und dass sie in Wahrheit nie wirklich gelebt haben.

Der Weg zur Freiheit: Angst bewusst machen und loslassen

Die Angst vor dem Tod wird nie verschwinden - aber sie kann ihre Macht verlieren. Der erste Schritt ist, sich ihrer bewusst zu werden. Zu erkennen, wo sie uns steuert und wo wir durch sie Entscheidungen treffen, die nicht unserer Seele entsprechen.

- **Hinterfragen Sie Ihre Ängste:** Sind sie echt oder wurden sie anerzogen?

- **Erkennen Sie, dass Sie nichts zu verlieren haben:** Am Ende zählt nicht, wie sicher Ihr Leben war, sondern wie intensiv Sie es gelebt haben.

- **Trauen Sie sich, gegen den Strom zu schwimmen:** Ihr Leben gehört Ihnen - nicht der Gesellschaft, nicht der Politik, nicht den Erwartungen anderer.

Die größte Befreiung geschieht, wenn wir erkennen, dass wir keine Angst mehr haben müssen. Denn wer den Tod annimmt, wird im Leben unaufhaltsam.

TEIL 2: DER TOD IN ANDEREN KULTUREN – EIN ANDERER BLICKWINKEL

Kapitel 3: Weisheit aus anderen Kulturen

Der Umgang mit dem Tod ist von Kultur zu Kultur verschieden. Während in westlichen Gesellschaften oft Angst und Verdrängung vorherrschen, gibt es Kulturen, die den Tod als natürlichen Teil des Lebens begreifen - ihn sogar feiern. Durch den Blick auf andere spirituelle Lehren können wir einen neuen Zugang zu unserer eigenen Stabilität finden.

Buddhismus: Wiedergeburt als natürlicher Kreislauf

Im Buddhismus ist der Tod kein Ende, sondern nur ein Übergang in eine neue Daseinsform. Zentral für das buddhistische Weltbild ist die Lehre von Samsara, dem ewigen Kreislauf von Geburt, Tod und Wiedergeburt.

Buddhisten glauben, dass das, was wir in einem Leben tun, Auswirkungen auf unser nächstes Leben hat. Der Tod ist nicht endgültig - er ist wie ein Tor, das uns zu einer neuen Erfahrung führt. Aber das ultimative Ziel ist es, diesen Kreislauf zu durchbrechen und Erleuchtung (Nirvana) zu erreichen.

Wie wirkt sich dieses Denken auf die Angst vor dem Tod aus?

Da der Tod nur eine Zwischenstation ist, hat die Angst vor dem Tod im Buddhismus wenig Platz. Viel wichtiger ist die Frage: Wie habe ich gelebt? Habe ich meine Lektionen gelernt? Habe ich mein Bewusstsein entwickelt?

Diese Antworten helfen dem Sterbenden, den Tod bewusst und ohne Angst zu erleben.

Hinduismus: Karma und Leben nach dem Tod

Ähnlich wie im Buddhismus ist auch im Hinduismus die Wiedergeburt ein fester Bestandteil des spirituellen Weltbildes. Allerdings spielt hier das Konzept des Karmas eine noch größere Rolle.

Karma bedeutet Ursache und Wirkung: Alles, was wir tun - jede Handlung, jeder Gedanke, jede Absicht - prägt unser nächstes Leben. Wer in diesem Leben Gutes tut, wird im nächsten unter besseren Bedingungen geboren. Wer hingegen anderen Leid zufügt, wird die Konsequenzen in einer zukünftigen Existenz tragen müssen.

Der Tod als Tor zur neuen Existenz

Für die Hindus ist der Tod daher keine Strafe oder etwas Furchterregendes, sondern eine Chance, den Weg der Seele fortzusetzen. Manche Seelen können sogar Moksha erreichen - die endgültige Befreiung aus dem Kreislauf der Wiedergeburten und die Vereinigung mit dem Göttlichen.

Im Hinduismus gibt es viele Rituale, die den Übergang in die nächste Existenz erleichtern sollen. Besonders wichtig ist die Feuerbestattung, die den Körper reinigt und die Seele von ihrer vergangenen Existenz befreit. Viele Hindus wünschen sich, dass ihre Asche in den heiligen Fluss Ganges gestreut wird, um eine direkte Verbindung zur göttlichen Quelle herzustellen.

Hinduistische Bhagavad Gita

(Kapitel 2, Vers 22 – über Wiedergeburt)

„Wie ein Mensch alte Kleider ablegt und neue anzieht, so wirft die Seele den alten Körper ab und nimmt einen neuen an."

Schamanische Traditionen: Der Tod als Übergang

In vielen indigenen Kulturen, die schamanische Praktiken anwenden, ist der Tod kein endgültiger Zustand, sondern ein Übergang in eine andere Dimension des Seins.

Schamanen glauben, dass die Seele nach dem Tod weiter existiert und oft mit den Lebenden kommuniziert. Die Ahnenverehrung spielt in diesen Kulturen eine zentrale Rolle - die Verstorbenen sind nicht wirklich „weg", sondern begleiten die Lebenden, geben ihnen Zeichen und führen sie durch Krisen.

Schamanische Jenseitsreisen

Schamanen nutzen oft rituelle Trancezustände, um mit den Geistern zu kommunizieren. Sie reisen bewusst in die Welt der Geister, um Wissen und Heilung für die Gemeinschaft zu erlangen.

Viele schamanische Kulturen betrachten den Tod nicht als etwas Tragisches, sondern als Rückkehr zur ursprünglichen Quelle des Seins. In manchen Traditionen gibt es sogar Totenrituale, die von Tänzen, Gesängen und Feiern begleitet werden, da der Verstorbene eine neue Reise antritt.

Was können wir von diesen Weisheiten lernen?

- **Der Tod ist kein Ende - in keiner dieser Kulturen wird er als „Ende" betrachtet:** Vielmehr ist er eine Transformation, ein Übergang in eine neue Seinsform.

- **Bewusstsein und Handeln sind entscheidend:** Sowohl im Buddhismus als auch im Hinduismus spielt die Frage, wie wir leben, eine zentrale Rolle für das, was nach dem Tod kommt.

- **Die Verbindung zu den Toten bleibt bestehen:** In schamanischen Kulturen sind die Toten nicht „weg", sondern bleiben Teil des Lebens.

Indem wir andere Sichtweisen auf den Tod kennen lernen, können wir unsere eigene Angst loslassen - denn vielleicht ist das, was wir für das Ende halten, in Wirklichkeit nur ein neuer Anfang.

Kapitel 4: Christentum und die verlorene Lehre der Reinkarnation

Die frühchristlichen Lehren über die Wiedergeburt

Vielen Menschen ist nicht bewusst, dass die Vorstellung der Reinkarnation einst fester Bestandteil der frühchristlichen Lehre war. Die ersten Christen glaubten an die Möglichkeit einer Wiedergeburt, und selbst einige Kirchenväter hielten an dieser Vorstellung fest. Einer der bekanntesten Vertreter dieser Lehre war Origenes (185-254 n. Chr.), ein einflussreicher christlicher Theologe, der erklärte, dass die Seele bereits vor der Geburt existiere und sich durch verschiedene Leben weiterentwickle.

Aber warum taucht dieses Konzept heute nicht mehr in der Bibel auf?

Warum wurde die Reinkarnation aus der Bibel gestrichen?

Der Gedanke der Wiedergeburt war für die Kirche gefährlich. Ein Mensch, der glaubt, dass er mehrere Leben hat, ist schwerer zu kontrollieren. Aber es ging nicht nur um Kontrolle, sondern auch um Macht und Geld.

- **Ablasshandel als spirituelle Abzocke:** Die Kirche erfand das Fegefeuer und verkaufte Ablassbriefe, um Menschen von ihren „Sünden" freizukaufen. Mit der Reinkarnationslehre wäre das ganze Geschäft hinfällig geworden.

- **Angst als Machtinstrument:** Wer sich von der Kirche lossagt, aber an Karma glaubt, braucht keinen Priester, der ihm die Sünden vergibt.

- **Politische Kontrolle:** Die Kirche war nicht nur eine Glaubensgemeinschaft, sondern auch eine weltliche Macht, die Herrscher und Könige kontrollierte.

Die Kirche wollte nicht nur die Kontrolle über das spirituelle Leben der Menschen behalten, sondern auch ihre finanzielle und politische Macht sichern. Die Unterdrückung der Reinkarnationslehre war nicht nur eine theologische Entscheidung, sondern ein geplanter Schachzug, um die Menschen abhängig zu machen.

Die Kirche als Herrscher über das Seelenheil

Hätten die Menschen gewusst, dass ihre Seele immer wiedergeboren wird, hätten sie keine Angst vor dem Tod gehabt. Aber ein Mensch ohne Angst lässt sich nicht so leicht manipulieren. Die Kirche brauchte eine Lehre, um die Menschen gefügig zu machen - und mit dem Fegefeuer und der Hölle gelang das hervorragend.

- Die Beichte wurde zur Pflicht - nur die Kirche konnte Sünden vergeben.

- Die Angst vor dem ewigen Höllenfeuer wurde geschürt - ein Machtinstrument, um die Menschen gefügig zu machen.

- Die Reinkarnationslehre wurde eliminiert, weil sie den Menschen eine andere Vorstellung von göttlicher Gerechtigkeit vermittelte: ein System, in dem jeder für sein Karma selbst verantwortlich ist - ohne Priester, ohne Kirche.

Wer sind Sie ohne Ihre Vergangenheit?

Frage: Wenn Sie alle Erinnerungen verlieren würden, wer wären Sie dann? Ist das Bild, das Sie von sich haben, nur eine Geschichte?

Übung: Schreiben Sie Ihre Definition von „Ich bin ..." auf. Was bleibt übrig, wenn man alles loslässt?

Ablasshandel: Die größte spirituelle Abzocke der Geschichte.

Hier kommt das Geld ins Spiel. Der Ablasshandel war eines der größten Betrugssysteme der Kirchengeschichte. Die Kirche versprach den Menschen, sie könnten sich von ihren Sünden freikaufen - mit Geld. Eine Eintrittskarte in den Himmel - gegen bare Münze.

- Die Menschen glaubten, durch den Kauf von Ablassbriefen ihre Zeit im Fegefeuer verkürzen zu können.

- Wer genug zahlte, konnte sogar für verstorbene Angehörige einen Ablass erkaufen.

- Reiche Adelige spendeten riesige Summen an die Kirche, um sicher zu sein, „direkt in den Himmel" zu kommen.

Ein Geschäft mit der Angst! Ohne die Vorstellung von der Hölle hätte dieses System nicht funktioniert. Mit der Reinkarnation wäre es völlig nutzlos gewesen - denn wer viele Leben hat, braucht keine Erlösung gegen Geld.

Die Kirche als weltliche Macht

Die katholische Kirche war nicht nur eine Glaubensgemeinschaft, sondern auch eine der mächtigsten politischen Kräfte in Europa. Sie kontrollierte Könige, beeinflusste Kriege und häufte unermessliche Reichtümer an.

- Der Papst war mächtiger als so mancher König.

- Der Kirchenbesitz wuchs ständig, weil reiche Gläubige ihr Land verschenkten, um ins „Paradies" zu kommen.

- Das Christentum wurde zur absoluten Wahrheit erklärt - alles andere war Ketzerei und wurde brutal verfolgt.

Die Hexenverbrennungen, die Kreuzzüge, die Verfolgung Andersdenkender - all das diente nicht der Religion, sondern dem Machterhalt.

Fazit: Die Reinkarnation wurde abgeschafft, weil sie den Menschen unabhängig gemacht hätte.

Ein freier Geist lässt sich nicht versklaven. Hätten die Menschen gewusst, dass sie selbst für ihr Leben verantwortlich sind, dass sie durch Wiedergeburt ihre Fehler korrigieren und wachsen können, hätte die Kirche ihren Einfluss verloren. Deshalb wurde die Reinkarnationslehre beseitigt - nicht weil sie falsch war, sondern weil sie für die Machtstrukturen der Kirche zu gefährlich war.

Was wäre, wenn der Tod nicht das Ende wäre?

Stellen Sie sich vor, die Kirche hätte die Lehre von der Wiedergeburt nie unterdrückt. Wie würde sich das auf unser Denken auswirken? Würden wir anders leben, wenn wir wüssten, dass unser jetziges Leben nur ein Teil einer größeren Reise ist?

Vielleicht hätten wir weniger Angst vor dem Tod, weil wir wüssten, dass er nicht das Ende, sondern nur eine Übergangsphase ist. Vielleicht wären wir achtsamer in unserem Handeln, weil wir wissen, dass jede Handlung Konsequenzen hat - nicht nur für dieses Leben, sondern auch für alle zukünftigen.

Die Lehre von der Reinkarnation gibt Hoffnung und Sinn. Sie zeigt uns, dass wir nicht einfach einem Schicksal ausgeliefert sind, sondern aktiv an unserer eigenen spirituellen Entwicklung arbeiten können. Sie nimmt uns die Angst vor dem Unbekannten und schenkt uns ein tieferes Verständnis von Leben und Tod.

Vielleicht ist es an der Zeit, diese verlorene Wahrheit wieder zu entdecken.

TEIL 3: MEINE PERSÖNLICHEN ERKENNTNISSE UND DER WEG ZU EINEM ANGSTFREIEN LEBEN

Kapitel 5: Meine Nahtoderfahrungen und ihre Bedeutung

Mein Blick ins Licht – was ich erlebt habe

Bevor ich über meine persönliche Nahtoderfahrung spreche, muss ich erzählen, wie es dazu kam. Ich hatte gesündigt. Ich hatte extrem gesündigt. Ich hatte keine Lust und keine Kraft mehr zu leben.

Meine erste Ehe war geprägt von Enttäuschungen, Lügen und Betrug. Ich war mit einer Frau verheiratet, die nicht mich liebte, sondern das, was ich besaß - Geld, Autos, Status. Als sie mir eines Tages vorschlug, mich umzubringen, um an meine Lebensversicherung zu kommen, wurde mir klar, dass ich mein Leben radikal ändern musste.

Ich bat das Universum um eine Trennung - und um eine Frau, die mich wirklich liebt. Meine Bitte wurde erhört. Die Geschäfte liefen plötzlich schlecht, ich verlor finanziell alles und meine damalige Frau verließ mich. Doch dieser scheinbare Tiefpunkt war in Wirklichkeit der erste Schritt zu einem Neuanfang.

Ich lernte meine heutige Frau Inas kennen, eine Frau voller Liebe, die mich nicht wegen meines Geldes, sondern wegen meines Wesens schätzte. Aber das Schicksal stellte uns auf die Probe. Ich wurde schwer krank, verlor meine Firma und mein soziales Umfeld brach zusammen. Wir lebten jahrelang in Armut. Doch Inas hielt bedingungslos zu mir.

Nach Jahren des Überlebenskampfes war ich 2023 am Ende meiner Kräfte. Ich schimpfte mit Gott, klagte, flehte ihn an, mich von diesem Leben zu erlösen. Ich hatte genug. Ich wollte nur noch sterben.

Die Reise zum Licht im Juni 2024

Eines Nachts hatte ich hohes Fieber. Ich hatte keine Energie mehr, meine Organe spielten verrückt. Schmerzen durchzuckten meinen Körper. Dann - plötzlich - war alles still. Kein Schmerz, keine Last mehr. Eine unbeschreibliche Leichtigkeit überkam mich.

Ich schwebte, löste mich von meinem Körper. Ich sah mein eigenes lebloses Ich, das bewegungslos dalag. Aber ich fühlte keine Angst, nur Frieden.

Ich war plötzlich in einer anderen Welt. Eine mehrköpfige Jury stand vor mir, prüfend, ernst. Sie stellten mir Fragen, prüften mein Wissen, ließen mich Rätsel lösen, die unmöglich schienen. Ich verstehe: **Es war eine Prüfung, eine Reinigung meines Bewusstseins.**

Dann stand ich vor einem großen, hellen Tor. Dahinter lag etwas, das ich nur als „Heimat" beschreiben kann - ein Ort voller Liebe, Licht und Wissen. Doch ich konnte nicht eintreten.

Ein mächtiges Wesen erschien. Es sprach mit einer Autorität, die keinen Widerspruch duldete:

„Du hast gesündigt. Du hast dich deinem Leben entzogen.

Du hast den Plan missachtet, den du selbst vor deiner Geburt geschrieben hast.

Deine Aufgabe ist noch nicht erfüllt."

Es verschlug mir die Sprache und ich erkannte die Wahrheit, die in seinen Worten lag.

Dann stellte man mich vor die Wahl:

Zurückkehren <u>oder</u> in ein dunkles Zwischenreich geschickt werden, bis zum Tag der Abrechnung.

Ich wusste, ich musste zurück.

Plötzlich wurde ich in meinen Körper zurückgeworfen. Völlig erschöpft wachte ich auf. Aber mein Blick auf das Leben hatte sich für immer verändert.

Durch diese Erfahrung hat sich mein Blick auf den Tod von Grund auf verändert.

Früher hatte ich Angst vor dem Tod, weil ich nicht wusste, was danach kommt.

Heute weiß ich:

Der Tod ist kein Ende, sondern eine Heimkehr.

Ja, es gibt eine höhere Autorität. Ja, wir haben einen Lebensplan. Ja, jede Seele muss Verantwortung für ihre Taten übernehmen. Und ja - der Tod ist nicht das Schlimmste, sondern das, was wir aus unserem Leben machen.

Was Nahtoderfahrungen über das Leben nach dem Tod verraten können

Viele Menschen berichten von ähnlichen Erlebnissen:

- Ein strahlendes Licht.

- Ein Gefühl der unendlichen Liebe.

- Eine höhere Instanz, die uns empfängt und beurteilt.

- Eine klare Erkenntnis über unser Leben und unsere Fehler.

Heute weiß ich mit Gewissheit:

Unsere Seele stirbt nicht. Sie geht weiter.

Meine Aufgabe ist es, dieses Wissen weiterzugeben.

Ich bin zurückgekehrt, um anderen die Angst vor dem Tod zu nehmen.

Sokrates
(über die Unsterblichkeit der Seele)

„Der Tod mag das größte aller menschlichen Segnungen sein. Denn wenn der Tod der Übergang in eine andere Welt ist, dann werde ich dort jene treffen, die vor mir gegangen sind, und das wird das höchste Glück sein."

Kapitel 6: Ein Auftrag an die Menschheit – Die gestohlene Wahrheit

Unsere Seele stirbt nicht. Sie geht weiter. Das mächtige Wesen, das mit einer Autorität zu mir sprach, die keinen Widerspruch duldete, gab mir vor meiner Rückkehr folgenden Auftrag an Sie, an die Menschheit:

„Verkünde den Menschen, wacht auf, ihr seid belogen und betrogen worden..."

„Seit Jahrhunderten haben die Vertreter der Kirche und die Führer der Welt die Menschen manipuliert, um sich selbst zu bereichern und an der Macht zu bleiben. Diese selbsternannten Vertreter Gottes haben in eure Psyche eingegriffen, sie haben Angst verbreitet, sie haben euch Gottes Plan der Menschwerdung gestohlen.

> **Sie haben euch beraubt - nicht des Goldes oder der Güter, sondern der Wahrheit über eure eigene Existenz.**

> **Die Wahrheit lautet: Jede Seele ist unsterblich. Jede Seele kommt wieder. Der Tod ist nicht das Ende, sondern nur eine neue Schwelle."**

Aber warum wurde dieses Wissen unterdrückt?

Der größte Betrug in der Geschichte der Menschheit

Die katholische Kirche hat die Reinkarnation im Laufe der Jahrhunderte aus ihrer Lehre entfernt, nicht weil sie falsch wäre, sondern weil ein Mensch, der um seine Wiedergeburt weiß, nicht manipulierbar ist.

✓ Ein Mensch, der weiß, dass seine Seele weiterlebt, fürchtet den Tod nicht mehr.

✓ Ein Mensch, der weiß, dass seine Taten sein künftiges Leben bestimmen, lässt sich nicht von Schuldgefühlen versklaven.

✓ Ein Mensch, der versteht, dass er Teil eines göttlichen Plans ist, braucht keine Institution, die ihm den Weg zu Gott verkauft.

Aber genau das war die Gefahr für die Kirche und ihre Machtzirkel. Deshalb wurde das Wissen um die Wiedergeburt ausgelöscht.

> Sie verbrannten Bücher, töteten die Wissenden, verfolgten die Wahrheitskenner. Sie machten Gott zum strafenden Richter, statt ihn als göttliche Quelle der Liebe zu zeigen.

Stellen Sie sich BITTE vor, es wäre nie eine Sünde gewesen, selbst nach der Wahrheit zu suchen. Stellen Sie sich vor, Sie hätten immer gewusst, dass Sie nicht nur einmal leben. Ihr Leben wäre freier, bewusster, angstfreier. Aber genau das wurde verhindert.

Angst war und ist ein Werkzeug der Kontrolle.

Die Wahrheit kehrt zurück. Es ist an der Zeit, die Mauern niederzureißen.

Doch nun kehrt das Wissen zurück.

Die Zeit der Unterdrückung ist vorbei. Die Menschheit erwacht.

- Es ist an der Zeit, den Schleier der Lügen zu zerreißen.

- Es ist an der Zeit zu erkennen, dass Sie nicht geboren wurden, um als Sklave einer fremden Macht zu leben.

- Es ist an der Zeit, die Kontrolle über die eigene Seele zurückzugewinnen.

Lassen Sie sich nicht länger täuschen. Glauben Sie nichts blind, hinterfragen Sie alles. Suchen Sie selbst. Die Wahrheit liegt nicht in den Händen einer Kirche, sondern in Ihrem eigenen Herzen.

Es ist an der Zeit, dass wir uns daran erinnern, wer wir sind.

Göttliche Seelen auf der Reise durch viele Leben.

Keine Macht kann das ändern. Keine Institution kann es aufhalten.

Die Wahrheit ist stärker als jede Lüge.

Erheben Sie ihre Stimme. Lassen Sie die Fesseln der Angst hinter sich. Die Mauern der Täuschung werden fallen.

ES IST GENUG!

Kapitel 7: Wie wir die Angst vor dem Tod überwinden können

Akzeptanz statt Verdrängung: Eine neue Haltung zum Tod entwickeln

Der erste Schritt zur Überwindung der Angst vor dem Tod besteht darin, ihn nicht mehr als Feind zu betrachten. Wir leben in einer Gesellschaft, die den Tod verdrängt, tabuisiert und mit Schmerz und Leid in Verbindung bringt. In vielen Kulturen ist der Tod jedoch kein Feind, sondern ein natürlicher Bestandteil des Lebens.

Wie wäre es, wenn wir den Tod nicht als Bedrohung, sondern als einen Lehrer betrachten würden?

Wie Meditation, Achtsamkeit und Spiritualität helfen können

- **Meditation als Werkzeug zur Angstbewältigung**: Durch Meditation können wir unseren Geist schulen, den Tod nicht als etwas Schreckliches zu akzeptieren, sondern als eine natürliche Veränderung.

- **Achtsamkeit im Alltag**: Wer achtsam lebt, begegnet dem Tod nicht mit Angst, sondern mit Dankbarkeit für jeden Augenblick.

- **Spirituelle Praktiken aus verschiedenen Kulturen**: In vielen Traditionen gibt es Rituale, um sich bewusst auf den Tod vorzubereiten. Die tibetische Bardo-Lehre, das ägyptische Totenbuch oder schamanische Übergangsrituale sind nur einige Beispiele.

Praktische Übungen zur Überwindung der Angst

1. **Meditation zur Angstbewältigung**: Eine geführte Übung zur bewussten Auseinandersetzung mit der Angst vor dem Tod und deren Auflösung

2. **Tagebuchübung**: Eine Methode, die eigenen Gedanken über den Tod schriftlich zu reflektieren und neue Perspektiven zu entwickeln.

3. **Visualisierungsübung**: Stellen Sie sich vor, Sie gehen Ihren letzten Weg - in Frieden, mit Dankbarkeit und ohne Angst. Was ändert sich in Ihrem Denken?

4. **Bewusstes Loslassen**: Lernen Sie die kleinen Dingen los zu lassen - das hilft Ihnen, sich auch auf die großen Übergänge vorzubereiten.

5. **Reflexionsfrage:** "Wie würde ich mein Leben anders leben, wenn ich die Gewissheit hätte, dass der Tod nur ein Übergang ist?"

Der Einfluss der Todesangst auf unser Alltagsverhalten

Viele Menschen treffen unbewusst Entscheidungen aus Angst vor dem Tod. Sie vermeiden Risiken, halten an Dingen fest, die ihnen nicht gut tun, oder leben in ständiger Sorge.

> **Wie verändert sich unser Verhalten, wenn wir erkennen: Der Tod ist nicht das Ende?**

Kapitel 8: Den Tod als Teil des Lebens akzeptieren

Die Angst vor dem Tod entsteht oft aus der Vorstellung, dass er ein abruptes, endgültiges Ende bedeutet. Was aber, wenn wir den Tod nicht als absolutes Ende, sondern als Transformation betrachten? Viele Kulturen, spirituelle Lehren und auch die moderne wissenschaftliche Forschung weisen darauf hin, dass das Bewusstsein nicht einfach erlischt. Unsere Einstellung zum Tod bestimmt, wie wir unser Leben leben - mit Angst oder mit Akzeptanz.

Warum das Akzeptieren des Todes so schwer fällt

In der modernen Welt ist der Tod ein Tabuthema. Während der Tod früher Teil des gesellschaftlichen Lebens war - die Menschen starben zu Hause, begleitet von ihren Angehörigen - ist er heute in Krankenhäuser und Pflegeheime ausgelagert. Diese Distanzierung führt dazu, dass wir den Tod nicht mehr als natürlichen Teil des Lebens begreifen.

Gründe für die Ablehnung des Todes:

- **Die Illusion der Kontrolle:** Der Mensch glaubt, mit Hilfe von Medizin, Wissenschaft und Technik alles im Griff zu haben - doch der Tod ist unkontrollierbar.

- **Die Verdrängung durch Ablenkung:** Statt sich mit der Endlichkeit des Lebens auseinander zu setzen, lenken sich viele mit Konsum, Arbeit und Unterhaltung ab.

- **Fehlende Rituale und Traditionen:** Während frühere Generationen klare Rituale hatten, um sich auf den Tod vorzubereiten, fehlen diese heute oft.

- **Der Einfluss der modernen Medizin:** Der Tod wird oft als Niederlage und nicht als natürlicher Prozess angesehen.

Wie eine neue Sichtweise helfen kann

Die Annahme des Todes ist kein Akt der Resignation, sondern eine Befreiung. Menschen, die sich bewusst mit ihrer Endlichkeit auseinandersetzen, berichten oft von einer größeren inneren Ruhe und einem intensiveren Lebensgefühl.

- **Ein Perspektivwechsel:** Stellen Sie sich vor, Sie sind ein Reisender. Ihr Aufenthalt auf der Erde ist eine Etappe, nicht das Endziel. Wenn Sie den Tod nicht als tragisches Ende, sondern als Übergang begreifen, verändert sich Ihr ganzes Leben.

- **Der Tod als Lehrer:** Was wäre, wenn der Tod uns inspirieren würde? Er zeigt uns, dass jeder Moment zählt, dass wir unsere Beziehungen pflegen, unsere Ängste überwinden und unser Leben bewusster gestalten sollten.

- **Die Weisheit der Natur:** In der Natur gibt es keinen Stillstand. Alles existiert in einem Kreislauf - Blätter fallen von den Bäumen, vergehen, werden zu Erde und ermöglichen neues Wachstum. Warum sollte es bei uns Menschen anders sein?

Übungen zur bewussten Annahme des Todes

1. **Schreibübung:** Stellen Sie sich bitte vor, Sie hätten nur noch eine kurze Zeit zu leben. Wie würden Sie dann ihr Leben verbringen? Was würden Sie anders machen? Schreiben Sie es auf und überlegen Sie, was Sie daran hindert, schon jetzt so zu leben.

2. **Meditation zur Akzeptanz:** Schließen Sie die Augen und stellen sich vor, wie Sie sanft von dieser Welt in eine andere wechseln. Spüren Sie, wie die Angst verschwindet und durch Vertrauen ersetzt wird.

3. **Dankbarkeitstagebuch:** Schreiben Sie jeden Abend auf, wofür Sie an diesem Tag dankbar gewesen sind. Das hilft, sich auf das Leben zu konzentrieren und die Vergänglichkeit als natürlichen Prozess zu akzeptieren.

4. **Bewusstes Gespräch:** Sprechen Sie mit jemandem über den Tod - nicht in einem traurigen Zusammenhang, sondern in einem offenen, nachdenklichen Gespräch. Welche Vorstellungen gibt es? Welche Ängste? Welchen Trost?

Fazit: Ein neues Verhältnis zum Tod führt zu einem besseren Leben

Wer den Tod annimmt, lebt freier. Er wird nicht zu einem Schatten, der Angst verbreitet, sondern zu einem sanften Begleiter, der uns daran erinnert, das Leben zu schätzen. Der wahre Weg, die Angst vor dem Tod zu überwinden, ist, das Leben in seiner Tiefe zu begreifen und bewusst zu leben.

Die eigene Beerdigung erleben

Frage: Wenn Sie an Ihrer eigenen Beerdigung teilnehmen würden, was würden Sie gerne hören? Wie möchten Sie in Erinnerung bleiben?

Übung: Schreiben Sie eine Rede über sich selbst - und fragen Sie sich dann: Lebe ich heute so, dass diese Rede wahr wird?

Kapitel 9: Der Tod in der modernen Welt - Warum er tabuisiert wird

Warum spricht niemand über den Tod?

Die moderne Welt ist geprägt von Fortschritt, Technologie und einem unerschütterlichen Glauben an die Machbarkeit. Der Tod als letzte Grenze des Unkontrollierbaren hat in dieser Gesellschaft keinen Platz. Früher war der Tod ein selbstverständlicher Teil des Lebens. Er geschah zu Hause, im Kreise der Familie, war ein Moment der Besinnung, des Abschieds und oft auch der Feier eines gelebten Lebens.

Heute wird er verdrängt, ausgelagert und anonymisiert. Sterben findet in Krankenhäusern, Altenheimen oder Hospizen - fernab der Familie. Beerdigungen werden schnell abgewickelt, Trauer hat oft keinen Raum mehr. Doch warum ist das so?

Die Verdrängung des Todes durch Konsum und Fortschritt

Die Gesellschaft hat sich darauf spezialisiert, den Tod aus dem Bewusstsein zu verdrängen.

- **Konsum & Ablenkung:** Wir leben in einer Zeit, in der alles sofort verfügbar ist. Statt sich mit der Vergänglichkeit auseinanderzusetzen, lenken wir uns ab - durch Fernsehen, Social Media, Shopping, Arbeit.

- **Jugendwahn:** Der Schönheits- und Gesundheitskult verspricht ewige Jugend. Wer alt oder krank ist, gilt oft als „unproduktiv" und wird an den Rand der Gesellschaft gedrängt.

- **Medizin als Sieger über den Tod:** Der Tod gilt als Niederlage. Die moderne Medizin bekämpft ihn wie eine Krank-

heit, die es zu heilen gilt, anstatt ihn als natürlichen Übergang anzuerkennen.

Die Rolle der Medizin, Pflegeheime und der moderne Umgang mit dem Sterben

Der Tod ist heute ein hochgradig medizinisiertes Ereignis.

- **Sterben im Krankenhaus:** Viele Menschen verbringen ihre letzten Tage an Maschinen angeschlossen, isoliert in sterilen Räumen.

- **Pflegeheime als Endstation:** Familien delegieren die Verantwortung für das Wohl ihrer Kinder an Institutionen. Der natürliche Abschied im familiären Umfeld wird immer seltener.

- **Hospizbewegung als Hoffnungsschimmer:** Obwohl sich die meisten Menschen ein friedliches Sterben zu Hause wünschen, ist dies selten der Fall. Hospize sind ein Versuch, das Sterben wieder menschlicher zu machen.

Der Unterschied zwischen früheren Kulturen und heute – Wie wurde der Tod früher in die Gemeinschaft integriert?

Viele alte Kulturen sahen den Tod als einen Teil des großen Kreislaufs des Lebens.

- **Indigene Stämme und Naturvölker** leben mit dem Tod als ständigem Begleiter. Rituale, Ahnenkult und spirituelle Zeremonien halfen, den Übergang zu Ehren.

- **In früheren europäischen Gesellschaften** gab es Totenwachen, gemeinsames Gedenken

- **Die spirituelle Bedeutung des Todes** war zentral – Reinkarnation, Weiterleben der Seele, Kontakt zu den Ahnen.

Heute hingegen wird der Tod oft totgeschwiegen. Menschen sterben anonym, und das Sprechen über den Tod wird als unangemessen oder gar „negativ" empfunden.

Warum der Tod als „Niederlage" gesehen wird und warum diese Perspektive falsch ist

- Der moderne Mensch sieht sich als Schöpfer seines eigenen Schicksals. Der Gedanke, dass es eine Kraft gibt, die er nicht kontrollieren kann, ist beängstigend.

- Der Tod erinnert an die Endlichkeit – und das passt nicht in eine Kultur, die sich nur mit Wachstum, Fortschritt und Optimierung beschäftigt.

- Aber der Tod ist kein Feind. Er ist das natürliche Ende eines Kapitels, ein Übergang. Ein Lehrer, der uns zeigt, wie wertvoll das Leben ist.

Reflexionsfragen & Übungen für den Leser

1. **Wie stehen Sie persönlich zum Thema Tod?** Ist es für Sie ein Tabu oder können Sie offen darüber sprechen?

2. **Wie wird in Ihrem Umfeld über den Tod gesprochen?** Gibt es Rituale oder wird er eher verdrängt?

3. **Meditation zur Vergänglichkeit:** Setzen Sie sich an einen ruhigen Ort und stellen Sie sich vor, Sie stünden am Ende Ihres Lebens. Was würden Sie bereuen? Was würden Sie feiern?

Kapitel 10: Die spirituelle Dimension des Todes

Für viele Menschen ist der Tod eine unüberwindbare Grenze, ein Ende, das Angst macht. Doch in fast allen spirituellen Traditionen wird der Tod nicht als absolutes Nichts, sondern als Übergang gesehen. Die einen sehen ihn als Heimkehr, die anderen als Entwicklungsstufe.

Aber was geschieht wirklich spirituell, wenn wir sterben?

Der Tod als Schwelle zwischen den Welten

In fast allen alten Kulturen gibt es die Vorstellung, dass der Tod nicht das Ende des Bewusstseins bedeutet. Vielmehr wird er als Übergang, als Brücke zwischen zwei Seinszuständen gesehen.

- **Im Buddhismus** spricht man vom „Bardo", einem Zwischenzustand zwischen Leben und Wiedergeburt. Die tibetische Totenlehre beschreibt detailliert, wie die Seele diesen Übergang erlebt.

- **In der ägyptischen Mythologie** wird die Seele auf ihrer Reise durch die Unterwelt geprüft und gewogen, um ihr nächstes Ziel zu finden.

- **In schamanischen Kulturen** wird der Tod als Reise der Seele betrachtet, die in eine neue Daseinsebene geführt wird.

Was wäre, wenn der Tod nur ein Portal wäre – nicht ein Ende, sondern eine Transformation?

Erfahrungen von Menschen mit Nahtoderlebnissen

Moderne Nahtoderfahrungen weisen erstaunliche Parallelen zu spirituellen Überlieferungen auf:

- Viele berichten von einem **Gefühl der Schwerelosigkeit**, von einem Verlassen des Körpers.

- Ein strahlendes **Lichtwesen** oder eine Präsenz begegnet ihnen, oft in vollkommener Liebe und Annahme.

- Häufig findet ein **Lebensrückblick** statt, bei dem nicht nur die eigenen Erfahrungen, sondern auch die Emotionen anderer in Bezug auf das eigene Handeln wahrgenommen werden.

- Manche erleben ein **Bewusstseinsfeld**, in dem alles miteinander verbunden ist - eine universelle Quelle des Wissens und der Energie.

Das wirft eine wichtige Frage auf: Könnten diese Erfahrungen ein Hinweis darauf sein, dass unser Bewusstsein unabhängig vom Körper existiert?

Was die moderne Wissenschaft über das Bewusstsein nach dem Tod sagt

Während die Materialisten behaupten, dass das Bewusstsein vom Gehirn erzeugt wird, gibt es immer mehr Forscher, die glauben, dass das Gegenteil zutrifft:

- **Quantenphysiker** wie Roger Penrose vermuten, dass unser Bewusstsein in einem Quantenfeld existiert und sich beim Tod lediglich in eine andere Dimension verschiebt.

- **Studien mit Sterbenden** zeigen, dass viele noch kurz vor ihrem Tod Visionen haben oder mit verstorbenen Angehörigen sprechen.

- **Überlebende eines Herzstillstands** berichten von Erlebnissen in einer Phase, in der das Gehirn eigentlich nicht mehr aktiv sein sollte.

Was, wenn Bewusstsein nicht an das Gehirn gebunden ist, sondern unabhängig davon existiert?

Angst bewusst erleben

Frage: Was passiert in Ihrem Körper, wenn Sie an den Tod denken? Welche Empfindungen treten auf?

Übung: Setzen Sie sich in die Stille, schließen Sie die Augen und spüren Sie bewusst, wie sich die Angst anfühlt - ohne sie zu bewerten. Beobachten Sie sie einfach.

Praktische Ansätze zur Entwicklung einer spirituellen Perspektive auf den Tod

1. **Tägliche Reflexion:** Denken Sie regelmäßig über Ihre eigene Endlichkeit nach. Nicht mit Angst, sondern mit Neugier - als würden Sie eine neue Reise planen.

2. **Meditation zur Verbindung mit dem höheren Selbst:** Finden Sie innere Ruhe und erkennen Sie, dass Sie mehr sind als ein physischer Körper.

3. **Austausch mit spirituellen Lehrern oder Menschen mit Nahtoderfahrungen:** Der Dialog mit anderen kann helfen, neue Perspektiven zu gewinnen.

4. **Rituale und Symbole aus verschiedenen Kulturen entdecken:** Vielleicht finden Sie eine Tradition, die Sie besonders anspricht und Ihnen hilft, den Tod mit anderen Augen zu sehen.

Fazit: Der Tod als spirituelle Chance

Wenn wir den Tod nicht als Ende, sondern als Teil eines größeren, universellen Kreislaufs betrachten, kann sich unser ganzes Leben verändern. Anstatt in Angst zu erstarren, können wir ihn als **Erinnerung an unsere wahre Natur nutzen**: Wir sind nicht unser Körper - wir sind Bewusstsein, Energie, Seele.

Was würde sich in Ihrem Leben ändern, wenn Sie mit Sicherheit wüssten, dass der Tod nur eine Tür und nicht das Ende ist?

Keltische Weisheit
Druiden-Tradition

„Der Tod ist nur eine Tür.

Er schließt sich für einen Moment und öffnet sich wieder zu einem neuen Morgen."

Kapitel 11: Die Kraft des bewussten Sterbens

In vielen Kulturen und spirituellen Traditionen gibt es eine besondere Praxis: **das bewusste Sterben.** Anstatt den Tod als plötzlichen, unkontrollierbaren Moment zu sehen, wird er als bewusster Übergang betrachtet – ein Moment höchster Klarheit, in dem der Sterbende noch einmal mit seinem ganzen Sein präsent ist.

Aber was bedeutet es, bewusst zu sterben? Und wie kann man sich darauf vorbereiten?

Was bedeutet „bewusst sterben"?

In unserer westlichen Kultur wird der Tod oft verdrängt - in vielen alten Weisheitslehren ist er jedoch ein wichtiger Teil des Lebens. **Bewusst zu sterben bedeutet, den Tod nicht als Feind zu betrachten, sondern sich aktiv auf das Sterben vorzubereiten.**

- **Im tibetischen Buddhismus** gibt es detaillierte Anweisungen, wie man sich durch Meditation und spirituelle Praktiken auf den Tod vorbereiten kann.

- **In der ägyptischen Tradition** wird der Tod als ein Prozess der Einweihung betrachtet, bei dem die Seele durch Prüfungen und Transformationen geht.

- **In schamanischen Kulturen** bereiten sich die Ältesten oft jahrelang bewusst auf den Übergang vor, indem sie sich mit der Anderswelt verbinden.

> **Was wäre, wenn wir keine Angst vor dem Tod hätten, sondern der Tod die wichtigste Reise unseres Lebens wäre?**

Wie können wir uns auf einen bewussten Übergang vorbereiten?

Es gibt viele Möglichkeiten, sich innerlich auf den eigenen Tod vorzubereiten. Dazu gehört nicht nur die Angstbewältigung, sondern auch das bewusste Abschließen des eigenen Lebenskreises.

Mit offenen Rechnungen abschließen

- Bereinigung von Konflikten aus der Vergangenheit - mit sich selbst und mit anderen.
- Vergebung üben - sich selbst und anderen gegenüber.
- Lernen, für das eigene Leben zu danken.

Das Bewusstsein auf den Tod ausrichten

- Tägliche Reflexion über die eigene Sterblichkeit.
- Die eigene Endlichkeit als Motivation für ein erfülltes Leben nutzen.
- Meditationen und Visualisierungen zum eigenen Übergang.

Loslassen lernen

- Die emotionalen und materiellen Bindungen in Frage stellen.
- Die Vorstellung von einem „Ich" aufgeben - erkennen, dass das Bewusstsein größer ist als die Person.
- Vertrauen in den natürlichen Fluss des Lebens entwickeln.

Geistige Klarheit und innerer Frieden

- Bewusste Auseinandersetzung mit spirituellen Lehren zum Thema Tod.

- Festlegung von Abschiedsritualen und persönlichen Wünschen.
- Die Liebe und die Dankbarkeit in den Mittelpunkt stellen.

Übungen zum bewussten Sterben (und bewussten Leben)

1. **Die letzte Stunde visualisieren:** Schließen Sie die Augen und stellen Sie sich vor, Sie hätten nur noch eine Stunde zu leben. Wie fühlen Sie sich? Wen würden Sie gerne sehen? Was würden Sie sagen?

2. **Loslass-Übung:** Schreiben Sie alles auf, woran Sie noch hängen - emotionale Belastungen, Ängste, ungelöste Themen. Dann verbrennen Sie das Papier und stellen sich vor, wie Sie frei werden.

3. **Dankbarkeitsritual:** Nehmen Sie sich jeden Abend bewusst Zeit, um über Ihr Leben nachzudenken. Wofür sind Sie dankbar? Welche Menschen haben Sie geprägt? Was haben Sie gelernt?

4. **Sterbemeditation:** Nehmen Sie eine meditative Haltung ein und stellen Sie sich vor, wie Sie friedlich und bewusst Ihren letzten Atemzug machen. Spüren Sie, wie sich Ihr Bewusstsein löst - ohne Angst, nur mit Vertrauen.

Fazit: Der Tod als bewusstes Erwachen

Bewusstes Sterben bedeutet, sich dem Leben in seiner ganzen Tiefe zu stellen. Es geht nicht darum, den Tod zu kontrollieren, sondern ihn als natürlichen und wertvollen Teil des Lebens zu akzeptieren. Wer sich mit dem Tod auseinandersetzt, gewinnt eine neue Perspektive - und lebt oft erfüllter, intensiver und angstfreier.

Wie würde Ihr Leben aussehen, wenn Sie den Tod als Ihren Lehrer akzeptieren würden?

Kapitel 12: Rituale und spirituelle Techniken für einen bewussten Umgang mit dem Tod

Der Tod ist nicht nur das Ende eines biologischen Prozesses, sondern ein Übergang – ein Tor zu einer neuen Existenzform. Während er in der modernen Gesellschaft oft verdrängt wird, haben spirituelle Traditionen über Jahrtausende hinweg Wege gefunden, mit ihm in Frieden zu leben. Rituale und spirituelle Techniken helfen dabei, die Angst vor dem Tod zu transformieren und ihn als natürlichen Teil unseres Seins zu akzeptieren. In diesem Kapitel betrachten wir, wie verschiedene Kulturen und spirituelle Traditionen diesen Übergang begleiten und was wir daraus für unser eigenes Leben lernen können.

Sterbebegleitung & bewusste Vorbereitung auf den Tod

Ein bewusstes Leben führt zu einem bewussten Sterben. In vielen spirituellen Traditionen wird der Übergang in eine andere Daseinsform als wichtiger Prozess verstanden, auf den man sich innerlich vorbereiten kann.

Achtsames Sterben in verschiedenen Kulturen

- **Tibetisches Totenbuch**: In der tibetischen Tradition wird der Sterbende mit bestimmten Mantras und Lesungen begleitet, um die Seele sanft auf ihren Übergang vorzubereiten.

- **Hinduistische Rituale**: Im Hinduismus gibt es das Konzept des „Mahasamadhi", des bewussten Verlassens des Körpers. Das Singen heiliger Lieder wie „Om Nama Shivaya" hilft, die Seele zu erheben.

- **Indigene Sterbebegleitung**: Schamanische Kulturen begleiten Sterbende oft mit Trommeln und Gesängen, um ihnen zu helfen, die Schwelle bewusst zu überschreiten.

Praktische Anwendung für uns heute

- **Bewusstes Abschiednehmen:** Schreiben Sie in ein Tagebuch, welche ungelösten Themen Sie loslassen möchten.

- **Atemübungen:** Tiefes, bewusstes Atmen kann helfen, die Angst vor dem Tod zu verringern.

- **Meditation:** Setzen Sie sich jeden Tag hin und meditieren Sie über den Gedanken der Vergänglichkeit - das kann sehr befreiend sein.

Rituale zur Loslösung von Angst

Viele alte Kulturen haben Rituale entwickelt, um die Angst vor dem Tod zu verringern. Diese Techniken sind auch heute noch anwendbar, um dem Thema Sterben mit mehr Vertrauen zu begegnen.

Ahnenrituale

In vielen Kulturen gibt es Rituale, um mit Verstorbenen in Verbindung zu treten. Dies hilft, Trauer zu verarbeiten und eine tiefere Verbindung zu den Ahnen herzustellen.

- **Samhain & Dia de los Muertos**: Die Kelten und die Mexikaner feiern spezielle Tage, um sich mit den Verstorbenen zu verbinden. Sie glauben, dass die Seelen an diesen Tagen besonders nahe sind.

- **Kerzenrituale**: Das Anzünden einer Kerze für einen geliebten Verstorbenen kann Trost spenden und eine Verbindung herstellen.

- **Ahnenmeditation:** Sich bewusst hinsetzen, Fotos anschauen und in Gedanken mit den Verstorbenen sprechen.

Reinigung & Loslassen

Rituale können helfen, Ängste und belastende Energien loszulassen.

- **Wasser-Ritual**: Eine Schale mit Wasser aufstellen, Gedanken der Angst hineinsprechen und dann das Wasser in die Erde gießen.
- **Feuer-Ritual**: Ängste und Sorgen aufschreiben und symbolisch verbrennen.
- **Erdungsübung**: Barfuß auf der Erde stehen, tief atmen und sich mit der stabilen Kraft der Erde verbinden.

Reflexionsfrage:

Gibt es etwas, das Sie loslassen möchten, um freier zu leben?

Der bewusste letzte Moment - Wie andere Kulturen den Sterbeprozess begleiten

Während der Tod in westlichen Kulturen oft tabuisiert wird, ist er in anderen Traditionen ein bewusster und heiliger Moment. Jede Kultur hat ihre eigenen Rituale, um Sterbenden den Übergang zu erleichtern und den Abschied mit Würde und spiritueller Tiefe zu gestalten.

Der Tod im Islam – Ein Übergang zu Allah

Für Muslime ist der Tod kein Ende, sondern eine Heimkehr zu Gott. Er ist ein vorbestimmter Moment, den kein Mensch hinauszögern oder beschleunigen kann.

Die Begleitung Sterbender folgt klaren religiösen Traditionen:

Die Shahada (das islamische Glaubensbekenntnis) wird dem Sterbenden leise ins rechte Ohr geflüstert. Wenn er noch sprechen kann, soll er es selbst rezitieren, da dies den direkten Übergang ins Paradies erleichtert.

Blickrichtung nach Mekka: Der Sterbende wird, wenn möglich, so gebettet, dass sein Gesicht in Richtung Mekka zeigt.

Reinheit als Vorbereitung auf das Jenseits: Der Sterbende soll nicht mit Durst sterben. Angehörige oder Pflegende benetzen seine Lippen mit Wasser oder Milch, da nach islamischem Glauben der Teufel in den letzten Momenten erscheint und dem Sterbenden Wasser anbietet, wenn er seinen Glauben verrät.

Sterben im Kreise der Familie: Muslime werden traditionell von ihren engsten Angehörigen begleitet. Sie sprechen Gebete, rezitieren aus dem Koran und sorgen für eine friedvolle Atmosphäre.

Die rituelle Wäsche nach dem Tod: Nach dem Ableben wird der Verstorbene von gleichgeschlechtlichen Muslimen rituell gewaschen, in weißen Tüchern gehüllt und so bald wie möglich beigesetzt – oft noch am selben Tag.

Der Koran lehrt:

„Wahrlich, von Allah kommen wir, und wahrlich, zu Ihm kehren wir zurück."
(Sicher 2:156)

Der islamische Tod ist von tiefem Glauben geprägt. Muslime fürchten den Tod nicht, doch sie sehen ihn als Prüfung: Das Diesseits ist nur eine vorübergehende Phase, das eigentliche Leben beginnt erst nach dem Übergang ins Jenseits.

Koran (Sure 39:42)

„Allah nimmt die Seelen der Menschen zur Zeit ihres Todes und die anderen, die nicht gestorben sind, während sie schlafen.

Er hält die Seelen derer zurück, über die Er den Tod verhängt hat, und lässt die anderen für eine bestimmte Frist zurückkehren."

Aborigines – Der Tod als Rückkehr zu den Ahnen

Für die australischen Aborigines ist der Tod keine Trennung, sondern eine Heimkehr in die „Traumzeit", den spirituellen Ursprung allen Seins. Nach ihrem Glauben existiert die Seele eines Verstorbenen weiter und kehrt zu den Ahnen zurück. Sie bleibt jedoch nicht fern, sondern wacht über die Lebenden und sendet Zeichen.

Rituale zur Begleitung des Sterbenden:

Aborigines glauben, dass die Seele den Körper langsam verlässt. Um ihr den Weg zu erleichtern, singen die ältesten besondere Lieder, die den Verstorbenen an seine Ahnen erinnern. Diese Lieder, „Songlines" genannt, sollen die Verbindung zur spirituellen Welt stärken.

Die Reinigung der Seele:

Nach dem Tod wird der Körper mit Rauch von heiligen Pflanzen gereinigt. Der Rauch hilft der Seele, den Körper zu verlassen und ihren Weg in die Traumzeit zu finden.

Der Name des Verstorbenen darf nicht mehr ausgesprochen werden:

In vielen Aborigine-Gemeinschaften wird es vermieden, den Namen eines Verstorbenen zu nennen, da dies die Seele stören könnte. Stattdessen spricht man von „derjenige, der gegangen ist".

Heilige Orte als letzte Ruhestätte:

Die Verstorbenen werden oft in der Natur begraben, an Orten, die eine besondere spirituelle Bedeutung für den Stamm haben. Es gibt heilige Orte, an denen die Ahnen verehrt werden und an denen der lebende Kontakt mit ihnen aufgenommen werden kann.

Trauer als gemeinschaftlicher Prozess:

Die Trauerzeit ist von Klagegesängen und Körperbemalungen begleitet. Angehörige schmücken sich mit rituellen Farben, um ihre Verbundenheit mit dem Verstorbenen zu zeigen.

Für die Aborigines ist der Tod nicht das Ende, sondern die Rückkehr in einen Zustand der Vollkommenheit. Die Ahnen bleiben präsent, sie flüstern in den Wind, sie tanzen in den Wellen und hinterlassen Zeichen in der Natur – für jene, die bereit sind, sie zu sehen.

Fazit: Der Tod ist nicht unser Feind – sondern ein Lehrer

Ob im Islam, bei den Aborigines oder in anderen spirituellen Traditionen – überall zeigt sich, dass der Tod nicht als Ende, sondern als Übergang verstanden wird. In jeder Kultur gibt es Rituale, die diesen Übergang bewusst gestalten und den Sterbenden helfen, in Frieden zu gehen. Vielleicht liegt in diesem Wissen ein Schlüssel für uns alle: Der Tod ist nicht unser Feind – sondern ein Lehrer, der uns zeigt, wie wertvoll das Leben ist.

Übung:

Schreiben Sie einen Brief an Ihr zukünftiges Selbst nach Ihrem Tod. Welche Botschaft möchten Sie sich selbst mit auf den Weg geben?

Fazit: Rituale als Weg zur inneren Freiheit

Der bewusste Umgang mit dem Tod befreit uns von Ängsten und schenkt uns ein intensiveres Leben. Rituale sind keine starren Vorgaben, sondern können individuell angepasst werden. Jeder kann für sich entscheiden, was ihm hilft, sich mit der eigenen Endlichkeit zu versöhnen.

Wichtige Erkenntnisse aus diesem Kapitel:

✓ Bewusstes Sterben kann eine friedvolle Erfahrung sein.

✓ Rituale helfen, die Angst vor dem Tod zu überwinden.

✓ Durch Ahnenverehrung und Meditation können wir eine tiefere Verbindung zu uns selbst und unseren Verstorbenen herstellen.

✓ Sterben bedeutet nicht Ende – sondern Transformation.

Reflexionsfrage:

*Wie möchten Sie eines Tages sterben -
in Angst oder in Frieden?*

Kapitel 13: Die Bedeutung der Sterbebegleitung und des bewussten Abschiednehmens

Der Sterbeprozess gehört zu den intimsten und bedeutsamsten Momenten im Leben eines Menschen. Dennoch wird er in unserer modernen Gesellschaft oft verdrängt, tabuisiert oder gar hinter Krankenhausmauern versteckt.

Wie können wir wieder lernen, Sterbende würdevoll zu begleiten und einen bewussten Abschied zu gestalten?

Warum ist eine bewusste Sterbebegleitung so wichtig?

Viele Menschen haben Angst vor dem Sterben - nicht nur vor dem Tod selbst, sondern auch vor dem Alleinsein, vor dem Vergessenwerden, vor dem Sterben in einem kalten Krankenhausbett.

Eine liebevolle Sterbebegleitung kann:

- Dem Sterbenden helfen, Ängste loszulassen.
- Ihm ermöglichen, sich mit seinem Leben zu versöhnen.
- Angehörigen den Abschied erleichtern und Schuldgefühle minimieren.
- Den Prozess des Loslassens natürlicher und friedlicher gestalten.

Der Tod ist ein heiliger Augenblick. Wenn wir ihn begleiten, trösten wir nicht nur den Sterbenden, sondern heilen auch uns selbst.

Wie können wir Sterbenden helfen?

Jeder Mensch erlebt den Tod anders. Dennoch gibt es einige universelle Prinzipien, die helfen können, einen friedlichen Übergang zu ermöglichen.

Präsenz & Zuhören

- Seien Sie einfach da. Manchmal braucht es keine großen Worte, sondern nur eine helfende Hand.

- Hören Sie dem Sterbenden zu, wenn er sprechen möchte. Lassen Sie ihn über sein Leben, seine Ängste und Hoffnungen sprechen.

- Halten Sie den Raum mit Liebe und Ruhe - auch wenn die Worte fehlen.

Die richtige Umgebung schaffen

- Eine ruhige und liebevolle Atmosphäre kann den Übergang erleichtern.

- Musik, leise Stimmen, beruhigende Düfte (z.B. Lavendel) können eine friedliche Atmosphäre schaffen.

- Persönliche Gegenstände oder Bilder von geliebten Menschen geben Sicherheit.

Emotionale & spirituelle Unterstützung

- Manche Menschen möchten in Frieden Abschied nehmen – helfen Sie ihnen dabei, indem Sie Erinnerungen teilen und Dankbarkeit ausdrücken.

- Falls es offene Konflikte gibt: Fördern Sie die Aussprache und Versöhnung.

- Für spirituelle Menschen kann ein Gebet, ein Ritual oder eine Meditation Trost spenden.

Akzeptanz des natürlichen Prozesses

- Der Tod kann ein langsamer und sanfter Übergang sein. Manchmal taucht der Sterbende in andere Bewusstseinszustände ein, sieht bereits Verstorbene oder beschreibt Lichter oder Wesen.

- Diese Erfahrungen sind für ihn real - statt sie als „Halluzinationen" abzutun, können wir sie mit Offenheit und Respekt begleiten.

Übungen für Angehörige und Begleiter

1. **Atemverbundene Meditation:** Setzen Sie sich neben den Sterbenden und atmen Sie langsam und tief. Spüren Sie, wie sich der Atem verbindet - das kann beruhigend sein.

2. **Dankbarkeitsgespräch:** Sagen Sie dem sterbenden Menschen, was Sie an ihm oder ihr schätzen und wofür Sie dankbar sind.

3. **Loslass-Ritual:** Wenn der Sterbende Angst hat, kann man mit ihm ein symbolisches Ritual machen: eine Kerze anzünden, ein kleines Gebet sprechen oder einfach bewusst sagen: „Du darfst loslassen, alles ist gut".

4. **Tagebuch der Erinnerungen:** Schreiben Sie die besonderen Momente auf, die Sie mit der sterbenden Person erlebt haben - das hilft nicht nur der sterbenden Person, sondern auch Ihnen selbst, Frieden mit dem Abschied zu finden.

Fazit: Der Tod als ein gemeinsamer Weg

Niemand sollte einsam sterben müssen. Einen Menschen auf seinem letzten Weg zu begleiten, ist ein großes Geschenk - für ihn und für uns. Wenn wir lernen, das Sterben als natürlichen Teil des Lebens zu akzeptieren, können wir es nicht nur friedlicher gestalten, sondern auch unser eigenes Leben bewusster und intensiver leben.

Was würde sich in Ihrem Leben ändern, wenn Sie wüssten, dass Sie eines Tages in Liebe und Frieden gehen werden?

Der letzte Tag Ihres Lebens

Frage: Stellen Sie sich vor, Sie hätten nur noch einen einzigen Tag zu leben. Was würden Sie tun?

Übung: Planen Sie einen „letzten Tag" und erledigen Sie mindestens eine dieser Aufgaben - noch heute.

Kapitel 14: Der Sterbeprozess in verschiedenen Kulturen – Was können wir lernen?

Jede Kultur hat eine eigene Sichtweise auf den Tod. Während er in westlichen Gesellschaften oft tabuisiert wird, wird er in vielen anderen Traditionen als Übergang gefeiert.

Eskimos (Inuit) – Der Tod als natürlicher Teil des Lebens

Die Inuit sehen das Sterben als einen natürlichen Prozess und glauben an eine Weiterexistenz des Geistes in der Natur.

- **Ritual des Alleingangs:** Alte oder kranke Menschen, die der Gemeinschaft zur Last fallen, ziehen sich freiwillig in die eisige Wildnis zurück, um dort zu sterben. Dies wird nicht als grausamer Akt angesehen, sondern als würdevolle Übergabe an den natürlichen Kreislauf.

- **Kommunikation mit den Ahnen:** Inuit-Schamanen glauben, dass die Geister der Verstorbenen den Lebenden Botschaften senden können. Manchmal werden auch Träume als Kommunikationsmittel genutzt.

Russland – Orthodoxe Bestattungsrituale & Ahnenkult

In Russland hat der Tod eine starke religiöse und mystische Bedeutung. Die russisch-orthodoxe Kirche betrachtet den Sterbeprozess als wichtigen Übergang.

- **„Die 40 Tage des Geistes":** Es wird geglaubt, dass die Seele 40 Tage auf der Erde verweilt, bevor sie ins Jenseits übergeht. In dieser Zeit wird für den Verstorbenen gebetet und oft werden Fenster oder Türen offen gelassen, damit die Seele den Weg ins Jenseits finden kann.

- **Totenmähler (Pomyanki):** An besonderen Tagen nach dem Begräbnis, insbesondere nach 9 und 40 Tagen, versammelt sich die Familie, um gemeinsam für die Seele zu beten und gemeinsam Mahlzeiten einzunehmen, die auch symbolisch dem Verstorbenen gewidmet sind.

China - Ahnenverehrung und Totenfest (Qingming-Fest)

In China spielt der Ahnenkult eine zentrale Rolle im Umgang mit dem Tod. Man glaubt, dass die Verstorbenen weiterhin zur Familie gehören und geehrt werden müssen.

- **Jenseitsgeld & Opfergaben:** Während des Qingming-Festes besuchen die Chinesen die Gräber ihrer Vorfahren und verbrennen symbolisches Papiergeld, Häuser oder Autos, damit es den Verstorbenen im Jenseits gut geht.

- **Die 100-Tage-Trauerperiode:** Nach dem Tod eines geliebten Menschen tragen viele Chinesen 100 Tage lang weiße oder schwarze Kleidung, um ihre Trauer und ihren Respekt auszudrücken.

Afrikanische Stämme - die Verbindung zu den Vorfahren

Viele indigene afrikanische Kulturen betrachten den Tod nicht als endgültiges Ende, sondern als eine Reise in die Welt der Ahnen.

- **Tänze & Trommelzeremonien:** In vielen afrikanischen Stämmen gibt es ausgelassene Beerdigungsfeiern mit Tänzen und Trommeln. Man glaubt, dass der Verstorbene auf diese Weise leichter ins Jenseits gelangt.

- **Die zweite Beerdigung:** Einige Kulturen, wie die der Ga in Ghana, führen eine zweite Beerdigung durch, bei der kunstvolle Särge in Form von Fischen, Autos oder Tieren hergestellt werden, um das Leben des Verstorbenen zu ehren.

Skandinavien - Wikingerbestattungen & der Blick ins Jenseits

Die skandinavischen Kulturen blicken auf eine lange Geschichte einzigartiger Bestattungsrituale zurück. Diese reichen bis zu den Wikingern zurück.

- **Schiffbestattung:** Wikingerhäuptlinge und große Krieger wurden oft in einem brennenden Schiff auf See verabschiedet. Dies symbolisierte die Überfahrt nach Walhalla, dem Ort, an dem die gefallenen Krieger weiterleben.

- **Die Totenhügel (Grabhügel):** In der Wikingerzeit wurden die Verstorbenen zusammen mit ihren Waffen, Tieren und Gebrauchsgegenständen in Hügeln bestattet. Diese Hügel galten als Verbindung zwischen der Welt der Lebenden und der Welt der Geister.

- **Moderne skandinavische Sichtweise:** Heute sind die Skandinavier oft Vorreiter bei alternativen Bestattungsformen wie der Naturbestattung oder der Kryonik (Einfrieren des Körpers in der Hoffnung, ihn eines Tages wiederbeleben zu können).

Warum diese Perspektiven unser Verständnis bereichern

Jede Kultur hat ihren eigenen Umgang mit dem Tod. Während einige Traditionen auf Stille und Trauer setzen, feiern andere das Leben der Verstorbenen. Allen gemeinsam ist der Glaube, dass der Tod nicht das absolute Ende ist - sondern eine Verwandlung, ein Übergang.

Diese Vielfalt an Ritualen zeigt uns:

✅ Der Umgang mit dem Tod ist kulturell geprägt - und wir können von anderen Traditionen lernen.

✓ Der Tod kann mit Respekt, Liebe und sogar Freude begleitet werden.

✓ Die Verbindung zu den Ahnen oder der Glaube an ein Weiterleben kann eine Hilfe bei der Bewältigung der Angst vor dem Tod sein.

Fazit & Reflexion

Welche dieser kulturellen Traditionen spricht Sie am meisten an? Gibt es Rituale, die Sie gerne in Ihr eigenes Leben integrieren würden?

Der letzte Moment im Christentum, Buddhismus. Schamanismus und Indigene Kulturen

Christentum: Die „Letzte Ölung" und das Gebet für die Sterbenden sollen die Seele auf das Jenseits vorbereiten.

Buddhismus: Die letzte bewusste Handlung oder der letzte Gedanke prägt das nächste Leben. Die Meditationspraxis unterstützt dabei, friedlich loszulassen.

Schamanismus: Der Sterbende wird oft von einem „Seelenführer" begleitet, der ihn auf die nächste Reise vorbereitet.

Indigene Kulturen: Viele indigene Völker betrachten den Tod als Rückkehr zur Erde und zum natürlichen Kreislauf.

Sterbebegleitung & bewusste Vorbereitung: Wie kann man selbst bewusst und friedlich sterben?

Das bewusste Loslassen:

Menschen, die bewusst sterben, haben oft eine friedvolle Ausstrahlung. Bewusstes Leben führt zu bewusstem Sterben. Wer sein Leben mit ungelösten Konflikten, Ängsten oder Reue verbringt, trägt diese bis zur letzten Sekunde mit sich. Wer aber Frieden mit sich und seinem Leben geschlossen hat, kann loslassen.

Sterbebegleitung aus spiritueller Sicht:

- **Das Umfeld bewusst gestalten:** Eine friedliche Atmosphäre hilft dem Sterbenden, sich auf den Übergang vorzubereiten. Kerzen, ruhige Musik oder das Halten der Hand eines geliebten Menschen können Wunder wirken.

- **Gebete und Mantras:** In vielen Kulturen werden Gebete gesprochen oder Mantras rezitiert, um den Sterbenden auf seiner Reise zu begleiten.

- **Das letzte Gespräch:** Wenn möglich, sollte dem Sterbenden die Möglichkeit gegeben werden, sich auszusprechen, offene Themen zu klären und liebevolle Worte zu hinterlassen.

Rituale zur Loslösung von Angst:

Alte schamanische Rituale, Meditationen oder Vergebungspraktiken

- **Das Ritual des Rückblicks:** In schamanischen Traditionen gibt es das Ritual des Lebensrückblicks. Dabei reflektiert der Sterbende seine Erfahrungen und lernt, sein Leben als vollständiges und abgeschlossenes Kapitel zu sehen. Dies kann Ängste abbauen und Frieden bringen.

- **Vergebungsmeditation:** Oft sind ungelöste Konflikte oder Schuldgefühle der Grund für die Angst vor dem Tod. Eine geführte Vergebungsmeditation kann helfen, sich selbst und anderen zu vergeben.

- **Seelenreisen:** In der tibetischen Tradition wird der Übergang in den Tod als bewusster Prozess gesehen. Durch Meditationstechniken kann sich der Sterbende darauf vorbereiten, seinen Körper in Frieden zu verlassen.

- **Das Ritual des „Loslassens":** Ein ritueller Abschied kann helfen, den Tod nicht als abruptes Ende, sondern als natürlichen Fluss zu erleben. Dies kann durch das Schreiben eines Abschiedsbriefes, ein letztes Dankbarkeitsritual oder das bewusste Atmen und Annehmen des Augenblicks geschehen.

Reflexionsfragen für den Leser:

1. Wie stelle ich mir meinen eigenen Tod vor?

2. Gibt es ungelöste Fragen oder Konflikte, die ich noch klären möchte?

3. Welche Rituale könnten mir helfen, mich auf den Tod vorzubereiten?

4. Was bedeutet für mich ein friedlicher Tod?

Islamische Weisheit (Sufi-Dichter Rumi)

„Warum fürchtest du den Tod? Denn wenn du stirbst, wirst du mit den Engeln fliegen und jenseits der Sterne leuchten."

Kapitel 15: Der Tod als Lehrer für ein bewusstes Leben

Der Tod ist nicht nur ein Ende - er ist auch ein Lehrer. Er erinnert uns an das wirklich Wichtige, zeigt uns die Vergänglichkeit aller Dinge und fordert uns auf, unser Leben bewusster zu gestalten.

Aber wie können wir den Tod als Inspiration für ein intensiveres, freieres und erfüllteres Leben nutzen?

Was der Tod uns über das Leben lehrt

Die meisten Menschen verdrängen den Tod. Doch diejenigen, die sich aktiv mit ihrer Sterblichkeit auseinandersetzen, berichten oft von tiefgreifenden, positiven Veränderungen in ihrem Leben. **Sie leben präsenter, mutiger und dankbarer.**

Drei wichtige Lektionen, die uns der Tod lehrt:

1. **Nichts ist selbstverständlich.** Jeder Tag, jede Begegnung ist einmalig. Wenn wir uns dessen bewusst sind, hören wir auf, Dinge aufzuschieben und beginnen, im Augenblick zu leben.

2. **Die Angst vor dem Tod ist die Angst vor einem ungenutzten Leben.** Die meisten Menschen fürchten nicht den Tod selbst, sondern das Gefühl, nicht wirklich gelebt zu haben.

3. **Der wahre Reichtum liegt in der Erfahrung, nicht im Besitz.** Wenn wir sterben, nehmen wir weder Geld noch Status mit - nur die Erinnerungen, die wir geschaffen haben, und die Liebe, die wir geteilt haben.

Was würden Sie ändern, wenn Sie wüssten, dass Sie nur noch

- ein Jahr zu leben haben?
- einen Monat zu leben haben?
- eine Woche zu leben haben?
- einen Tag zu leben haben?
- eine Stunde zu leben haben?

Wie wir durch die Auseinandersetzung mit dem Tod bewusster leben können

Die Sterblichkeit akzeptieren - und daraus Kraft schöpfen

Viele spirituelle Traditionen lehren, dass das Bewusstsein des Todes die Grundlage für ein erfülltes Leben ist.

- In buddhistischen Meditationen setzen sich die Praktizierenden täglich mit ihrer eigenen Sterblichkeit auseinander, um sich von Anhaftung und Angst zu befreien.

- In der stoischen Philosophie heißt es „Memento Mori" - Erinnere dich, dass du sterblich bist, und lebe dementsprechend bewusst.

- Viele Menschen, die dem Tod nahe waren, berichten, dass sie das Leben danach intensiver und dankbarer erleben.

Den Abschied nicht fürchten, sondern ihn wertschätzen

Wenn wir verstehen, dass alles vergänglich ist, können wir bewusstere und tiefere Beziehungen führen.

- Sagen Sie den Menschen öfter, was sie Ihnne bedeuten.

- Halten Sie sich nicht mit Groll auf – Vergebung befreit.

- Lernen Sie, den Augenblick zu genießen, ohne sich an ihn zu klammern.

Leben, ohne zu bereuen

Viele Sterbende bereuen nicht, was sie getan haben, sondern was sie nicht getan haben.

Einige der häufigsten Bekenntnisse auf dem Sterbebett sind:

- „Ich wünschte, ich hätte den Mut gehabt, mein eigenes Leben zu leben, anstatt das zu tun, was andere von mir erwarten".

- „Ich wünschte, ich hätte meine Gefühle offener ausgedrückt".

- „Ich wünschte, ich hätte mir die Möglichkeit gegeben, glücklicher zu sein".

Was würden Sie bereuen, wenn Sie heute sterben würdest? Und was können Sie jetzt noch ändern?

Übungen zur Reflexion und Bewusstwerdung

1. **„Letzter Tag"-Übung:** Stellen Sie sich vor, Sie hätten nur noch 24 Stunden zu leben. Wie würden Sie diesen Tag verbringen? Was würden Sie sagen? Was würden Sie loslassen?

2. **Dankbarkeitstagebuch:** Schreiben Sie jeden Abend drei Dinge auf, für die Sie dankbar sind - das verändert den Blick auf das Leben.

3. **Erkenne deine wahren Prioritäten:** Was ist Ihnen wirklich wichtig? Wie können Sie mehr Zeit und Energie darauf verwenden?

4. **Die „Sterbebett-Frage":** Fragen Sie sich: Wenn ich heute sterben würde, hätte ich mein Leben so gelebt, wie ich es wollte?

Fazit: Der Tod als Schlüssel zu einem erfüllten Leben

Der Tod lehrt uns, das Leben nicht als selbstverständlich anzusehen. Er erinnert uns daran, dass jeder Augenblick zählt, dass Liebe, Dankbarkeit und authentische Erfahrungen wertvoller sind als materielle Güter. Wer sich seiner Sterblichkeit bewusst ist, beginnt wirklich zu leben - ohne Angst, sondern mit Klarheit und Hingabe.

> # Wie würden Sie leben, wenn Sie den Tod als Lehrer akzeptieren?

Kapitel 16: Der Weg der Seele – Wie Sterberituale uns helfen können

Sterberituale helfen nicht nur den Sterbenden, sondern auch den Angehörigen, mit dem Verlust umzugehen. Besonders in alten Kulturen wird das Sterben nicht als abruptes Ende, sondern als bewusster Übergang gesehen.

Seit Jahrtausenden haben Menschen Rituale und spirituelle Techniken entwickelt, um mit dem Tod in Frieden zu leben.

Warum Rituale helfen, mit dem Tod umzugehen

Rituale haben eine tiefe psychologische und spirituelle Kraft:

- Sie **geben Struktur**, wenn alles unsicher erscheint.

- Sie helfen uns, **Emotionen zu verarbeiten** und Abschied zu nehmen.

- Sie **verankern spirituelles Wissen** und ermöglichen Heilung.

- Sie machen den Tod zu etwas, das wir bewusst gestalten können, statt ihn zu fürchten.

Welche Rituale helfen uns, dem Tod mit mehr Gelassenheit zu begegnen?

Sterbebegleitung: Rituale für den Abschied

Beim Sterben eines Menschen kann ein bewusstes Abschiedsritual zum Abbau von Ängsten und zur Schaffung einer friedvollen Atmosphäre beitragen.

Heilsame Rituale am Sterbebett:

- **Die Kerzenzeremonie:** Eine Kerze anzünden und sanft mit dem Sterbenden sprechen - über schöne Erinnerungen, Dankbarkeit und Liebe.

- **Segnung durch Worte oder Berührung:** Die Hand auflegen, den Sterbenden segnen oder ihm leise zuflüstern: **„Du bist geliebt, du darfst loslassen".**

- **Musik und Klänge:** Viele Sterbende reagieren stark auf Musik. Sanfte Klänge, Mantras oder Lieder aus der eigenen Kultur können den Übergang erleichtern.

Welche Worte würden Sie einem geliebten Menschen in seinem letzten Moment sagen?

Rituale für Trauernde: Den Abschied bewusst gestalten

Der Schmerz über den Verlust eines geliebten Menschen kann überwältigend sein. Rituale helfen, diesen Schmerz zu transformieren und ihn in eine bewusste Erinnerung zu verwandeln.

Heilsame Trauer-Rituale:

- **Briefe an den Verstorbenen:** Alles, was nicht gesagt wurde, aufschreiben. Dann den Brief verbrennen oder an einem besonderen Ort aufbewahren.

- **Eine persönliche Gedenkstätte schaffen:** Ein Bild, eine Kerze, ein Symbol, das an die Person erinnert.

- **Ein Baum pflanzen:** Das Leben symbolisch weitergeben – ein lebendiges Denkmal.

- **Ahnenverehrung:** In vielen Kulturen werden die Verstorbenen regelmäßig geehrt. Dies geschieht durch Meditation, Gebete oder kleine Opfergaben.

> **Wie möchten Sie, dass man Sie eines Tages in Erinnerung behält?**

Spirituelle Techniken, um sich mit dem Tod zu versöhnen

Neben Ritualen gibt es auch spirituelle Praktiken, die uns helfen, den Tod besser zu verstehen und zu akzeptieren.

Meditationen zur Angstbewältigung

Der Gedanke an den Tod löst bei vielen Menschen Angst aus. In den spirituellen Traditionen gibt es jedoch Techniken, diese Angst zu transformieren.

Die „Memento Mori"-Meditation

In der buddhistischen und stoischen Tradition wird gelehrt, täglich über den Tod nachzudenken. **„Memento Mori"** - **„Bedenke, dass** du sterben wirst" - ist eine Praxis, die uns hilft, den Tod als Teil des Lebens zu akzeptieren.

> **Übung:** Setzen Sie sich still hin und stellen Sie sich vor, Sie würden heute sterben. Wie würden Sie sich fühlen? Was wäre Ihnen wirklich wichtig? Diese Übung hilft, Ängste loszulassen und das Leben bewusster zu erleben.

Die „Loslass-Meditation"

Eine Übung aus der tibetischen Tradition: Stellen Sie sich vor, Sie lassen nach und nach alle weltlichen Bindungen los - ihren Körper, ihren Besitz, ihre Sorgen. Am Ende bleibt nur ihr Bewusstsein, das leicht und frei im Kosmos schwebt.

♡ **Diese Meditation hilft, sich mit dem Gedanken der Vergänglichkeit anzufreunden und Vertrauen in den Übergang zu gewinnen.**

Rückführungen und Jenseitskontakte:

- **Rückführungen in vergangene Leben:** Einige Therapeutinnen und Therapeuten bieten Techniken zum Hervorrufen von Erinnerungen an frühere Inkarnationen an.

- **Jenseitskommunikation:** In vielen Kulturen ist es selbstverständlich, dass die Verstorbenen mit den Lebenden in Verbindung bleiben.

Gibt es Zeichen aus dem Jenseits, die Sie selbst schon einmal erlebt haben?

Übergangsrituale für den eigenen Tod

Wir alle werden eines Tages sterben. Warum also nicht jetzt bewusst darüber nachdenken, wie wir diesen Moment gestalten wollen?

Was kann man zu Lebzeiten tun, um den Übergang bewusst zu gestalten?

- Eine **spirituelle Testamentsverfügung** schreiben: Wie möchten Sie sterben? Welche Rituale sollen Sie begleiten?
- Ein **Abschiedsvideo oder einen Abschiedsbrief** für Ihre Angehörigen hinterlassen.
- Sich mit Ihrer **Lebensaufgabe** auseinandersetzen. Ihr Leben bewusst in Einklang bringen.

Wie würden Sie Ihren letzten Moment gestalten, wenn Sie die Wahl hätten?

Fazit: Rituale helfen uns, den Tod als natürlichen Prozess zu akzeptieren

Rituale sind Brücken - zwischen Leben und Tod, zwischen Diesseits und Jenseits, zwischen Angst und Zuversicht. Wer Rituale bewusst einsetzt, kann den Tod nicht nur besser verstehen, sondern ihn als **natürlichen Teil des Lebens** begreifen.

> **Welches Ritual könnte Ihnen helfen, dem Tod friedlicher zu begegnen?**

Kapitel 17: Nahtoderfahrungen weltweit - Berichte aus unterschiedlichen Kulturen

Nahtoderfahrungen (NTE) sind kein Phänomen der Neuzeit. Sie existieren seit Jahrtausenden und sind in den verschiedensten Kulturen dokumentiert.

Ob westliche Krankenhäuser, schamanische Zeremonien oder alte religiöse Texte - die Schilderungen dieser Erfahrungen zeigen erstaunliche Gemeinsamkeiten, aber auch kulturelle Unterschiede.

Was sind Nahtoderfahrungen?

Nahtoderfahrungen sind Erlebnisse von Menschen, die dem Tod nahe waren oder klinisch tot waren und wiederbelebt wurden. **Sie berichten häufig von:**

- Einem Gefühl des Schwebens oder des Verlassens des Körpers.
- Einem Gang durch einen Tunnel mit hellem Licht.
- Begegnungen mit verstorbenen Verwandten oder spirituellen Wesen.
- Einem Rückblick auf das eigene Leben („Lebensfilm").
- Einem Gefühl von tiefer Liebe, Frieden und Verbundenheit.
- Einer Wahlmöglichkeit: zurück ins Leben oder ins Licht gehen.

Sind diese Erfahrungen eine spirituelle Realität oder nur neurologische Prozesse? Wir betrachten das aus verschiedenen Blickwinkeln.

Nahtoderfahrungen in unterschiedlichen Kulturen

Obwohl viele Nahtoderfahrungen ähnliche Elemente aufweisen, werden sie aufgrund kultureller und religiöser Prägungen oft unterschiedlich interpretiert.

Westliche Erfahrungen – Licht, Tunnel und Engel

- In westlichen Ländern berichten viele Menschen von einem langen Tunnel mit hellem Licht.

- Sie erleben oft eine Begegnung mit „Lichtwesen" oder verstorbenen Angehörigen.

- Häufig gibt es einen Lebensrückblick, in dem das eigene Handeln bewertet wird.

- Viele erleben eine große Liebe und Geborgenheit und wollen nicht zurück.

Der christliche Einfluss ist hier stark spürbar: Lichtwesen werden oft als Engel oder göttliche Figuren interpretiert.

Indische Nahtoderfahrungen – Eine Begegnung mit den „Yamdoots"

- In Indien berichten die Menschen oft von Begegnungen mit „Yamdoots", den Boten des Todesgottes Yama.

- Diese Wesen holen die Seele ab und bringen sie ins Jenseits.

- Manche erleben eine Art himmlisches Gericht, in dem das Karma geprüft wird.

- Manche Seelen werden „versehentlich" mitgenommen und wieder zurückgeschickt.

Hier spiegelt sich die hinduistische Vorstellung von Karma und Wiedergeburt wider.

Tibetischer Buddhismus – Der Übergang durch das Bardo

- Verstorbene erleben Visionen von Göttern, Dämonen oder symbolische Prüfungen.

- Je nach innerer Reinheit kann sich die Seele befreien oder wiedergeboren werden.

Der Tod ist hier ein bewusster Prozess - wer ihn richtig lenkt, kann das Rad der Wiedergeburt verlassen.

Tibetisches Totenbuch

(Bardo Thödol) – Buddhistische Weisheit

„Wenn das Bewusstsein von der Illusion des Körpers befreit ist, dann wird es strahlend wie der Mondschein leuchten. Habe keine Angst vor dem Licht, denn es ist dein wahres Selbst."

Schamanische Erfahrungen – Reisen in andere Welten

- Schamanen nutzen Rituale, um bewusst in „andere Welten" zu reisen, ähnlich wie bei einer Nahtoderfahrung.

- Sie berichten von Begegnungen mit Ahnen oder spirituellen Helfern.

- Manche erleben sich als Tiere oder reisen in symbolische Landschaften.

- Der Tod wird als Übergang in eine andere Dimension verstanden, nicht als Ende.

In schamanischen Kulturen wird der Tod nicht gefürchtet - er ist eine Weiterreise.

Sind Nahtoderfahrungen kulturell bedingt oder sind sie universell?

Obwohl es regionale Unterschiede gibt, sind viele Elemente universell:

- ✓ Das Gefühl der Schwerelosigkeit.
- ✓ Eine andere Wahrnehmung von Zeit und Raum.
- ✓ Begegnungen mit liebevollen Wesen oder Ahnen.
- ✓ Eine tiefgehende Veränderung nach der Rückkehr ins Leben.

Die Unterschiede zeigen, dass unser Glaube und unsere kulturelle Prägung beeinflussen, **wie wir den Tod erleben – aber nicht, ob es eine Erfahrung gibt.**

> **Vielleicht sehen wir nur das, was unser Geist als Übergang verstehen kann.**

Wie verändern Nahtoderfahrungen das Leben von uns Menschen?

Viele Menschen, die eine NTE erlebt haben, berichten von starken Veränderungen:

- ✓ **Keine Angst mehr vor dem Tod.** Sie wissen, dass der Tod nicht das Ende ist.

- ✓ **Mehr Mitgefühl und Liebe.** Sie fühlen eine tiefere Verbindung zu allem.

- ✅ **Weniger Fokus auf Materielles.** Geld, Erfolg und Status verlieren an Bedeutung.

- ✅ **Spirituelle Offenheit.** Viele beginnen, über die Bedeutung des Lebens nachzudenken.

Gibt es einen besseren Beweis für ein Leben nach dem Tod als die tiefgreifende Veränderung der Menschen, die es erlebt haben?

Übungen zur Reflexion

1. **Was denken Sie über Nahtoderfahrungen?** Glauben Sie, dass sie real sind oder nur eine Illusion?

2. **Wie würde sich Ihr Leben verändern, wenn Sie wüssten, dass der Tod nicht das Ende ist?**

3. **Gibt es in Ihrer Kultur oder Familie Geschichten über Nahtoderfahrungen?**

Fazit: Was wir aus Nahtoderfahrungen lernen können

Nahtoderfahrungen sind nicht nur faszinierende Geschichten – sie sind Hinweise darauf, dass das Bewusstsein den Tod überdauern könnte. **Ob wissenschaftlich erklärbar oder nicht, die tiefgreifenden Veränderungen, die sie im Menschen bewirken, sind unbestreitbar.**

Wenn der Tod nicht das Ende wäre - wie würden Sie Ihr Leben anders leben?

Kapitel 18: Wie uns der Tod ein besseres Leben lehrt

Der Tod ist nicht nur das Ende des Lebens, sondern auch ein Schlüssel zum Verständnis des Lebens selbst. **Menschen, die dem Tod nahe waren, berichten oft von tiefgreifenden Erkenntnissen, die ihr gesamtes Sein verändert haben.** Aber auch ohne eigene Nahtoderfahrung können wir aus diesen Erkenntnissen lernen.

Warum verändert sich unser Leben, wenn wir uns mit dem Tod auseinandersetzen?

Viele Menschen verdrängen den Tod - bis sie selbst oder ein naher Angehöriger damit konfrontiert werden. Wer sich aber bewusst mit seiner Sterblichkeit auseinandersetzt, beginnt das Leben in einem ganz anderen Licht zu sehen.

Die Sprache der Seele verstehen

Frage: Was ist für Sie die tiefste innere Wahrheit in Bezug auf den Tod?

Übung: Schreiben Sie eine Botschaft aus der Sicht Ihrer Seele an Ihr irdisches Ich.

Die drei großen Veränderungen, die eine bewusste Auseinander-setzung mit dem Tod bewirkt:

1. **Weniger Angst, mehr Freiheit.** Wer sich seiner Sterblich-keit bewusst ist, lebt intensiver, ohne sich von Sorgen läh-men zu lassen.

2. **Mehr Fokus auf das Wesentliche.** Plötzlich wird klar, dass es nicht um Geld, Status oder Besitz geht, sondern um echte Erfahrungen, Beziehungen und inneres Wachstum.

3. **Dankbarkeit für jeden Moment.** Wer den Tod als natürli-chen Teil des Lebens akzeptiert, beginnt die kleinen Dinge zu schätzen und jeden Tag bewusst zu leben.

Stellen Sie sich BITTE vor, Sie hätten nur noch eine begrenzte Zeit zu leben - wie würde sich Ihr Alltag verändern?

Erkenntnisse von Menschen, die dem Tod nahe waren

Viele Menschen, die eine Nahtoderfahrung hatten, berichten von erstaunlichen Veränderungen in ihrer Denkweise:

✓ **Sie verlieren die Angst vor dem Tod.** Sie wissen, dass das Le-ben nicht mit dem physischen Körper endet.

✓ **Sie richten ihr Leben neu aus.** Sie legen weniger Wert auf Ober-flächlichkeiten und mehr auf Sinnhaftigkeit.

✓ **Sie entwickeln tiefes Mitgefühl.** Der Egoismus schwindet – Liebe und Verbindung stehen im Mittelpunkt.

✓ **Sie leben intensiver im Jetzt. Zukunftsängste verlieren an Be-deutung - das Leben wird bewusster.** Die Angst vor der Zukunft verliert an Bedeutung - das Leben wird bewusster wahrgenommen.

Was würden Sie in Ihrem Leben ändern, wenn Sie wüsstest, dass der Tod nicht das Ende ist?

Praktische Wege, um bewusster zu leben

Auch wenn wir keine Nahtoderfahrung haben, können wir von diesem Wissen profitieren. Hier sind einige erprobte Wege zu einem bewussteren und erfüllteren Leben:

Den Moment genießen – statt in der Zukunft zu leben

- Viele Menschen hetzen durch das Leben, als ob sie unendlich viel Zeit zur Verfügung hätten.
- Wer sich der Vergänglichkeit des Lebens bewusst wird, beginnt es wirklich zu schätzen.
- **Übung:** Machen Sie einen Spaziergang ohne Ablenkung. Spüren Sie den Wind, sehen Sie die Farben der Natur, hören Sie die Geräusche um sich herum - seien Sie ganz im Hier und Jetzt.

Beziehungen aktiv gestalten

- Viele Menschen bedauern am Ende ihres Lebens, nicht genug Zeit mit ihren Angehörigen verbracht zu haben.
- **Fragen Sie sich:** Wann haben Sie das letzte Mal jemandem gesagt, wie viel er Ihnen bedeutet?
- **Übung:** Schreiben Sie eine Nachricht an eine Person, die Ihnen wichtig ist, und teilen Sie ihr mit, warum Sie diese Person mögen.

Dinge loslassen, die nicht wichtig sind

- Ärger, Groll und Sorgen halten uns oft gefangen - doch im Angesicht des Todes sind sie bedeutungslos.
- **Übung:** Überlegen Sie bitte, was Sie heute loslassen können, um freier zu leben.

Die eigene Lebensvision erkennen

- Was wollen Sie wirklich hinterlassen? Wofür möchten Sie in Erinnerung bleiben?
- **Übung:** Schreiben Sie ihre eigene Grabinschrift - was soll auf Ihrem Grabstein stehen?

Die heilende Kraft der Natur: Verbindung mit Bäumen, Steinen und der Erde

- In vielen Kulturen gilt die Natur als Quelle der Heilung und Erdung.
- Der japanische Brauch des „Waldbadens" (Shinrin-Yoku) nutzt die Energie der Bäume, um Körper und Geist in Einklang zu bringen.
- Auch das Berühren von Felsen oder das bewusste Barfußlaufen auf der Erde hilft, unsere Energie auszugleichen und zu zentrieren.
- **Übung:** Berühren Sie bewusst einen Baum oder einen Felsen und spüren Sie die Verbindung – nehmen Sie die Energie der Erde auf.

Wie würde Ihr Leben aussehen, wenn Sie wüssten, dass Sie keine Zeit zu verlieren haben?

Der Tod als Lehrer: Ein neues Bewusstsein für das Leben

Der Tod ist nicht unser Feind - er ist unser Lehrer. **Er erinnert uns daran, dass wir endlich sind - und dass es keinen besseren Zeitpunkt gibt, um wirklich zu leben, als genau jetzt.**

Welche Lektion dieses Kapitels spricht Sie am meisten an?

Kapitel 19: Was passiert beim Sterben?

D er Tod - ein Moment, den jeder Mensch erleben wird und der doch für die meisten mit Angst und Unsicherheit verbunden ist. Was passiert wirklich, wenn unser Körper stirbt? Ist es ein abruptes Ende, ein sanfter Übergang oder der Beginn einer neuen Reise?

In diesem Kapitel betrachten wir den Sterbeprozess aus drei Perspektiven:

biologisch, energetisch und spirituell.

Der biologische Prozess: Der Körper verabschiedet sich

Der Tod ist ein natürlicher Prozess, den unser Körper Schritt für Schritt durchläuft. Aus medizinischer Sicht geschieht folgendes:

✓ **Der Rückzug beginnt:** Stunden oder Tage vor dem eigentlichen Tod zieht sich der Körper langsam zurück. Der Mensch schläft mehr, spricht weniger, der Stoffwechsel verlangsamt sich. Viele Menschen berichten, dass Sterbende in dieser Phase bereits „auf der anderen Seite" zu sein scheinen.

✓ **Die Atmung verändert sich:** Die Atmung wird unregelmäßig, manchmal mit langen Pausen dazwischen (Cheyne-Stokes-Atmung). Dies ist ein Zeichen dafür, dass der Körper loslässt.

✓ **Der Kreislauf fährt herunter:** Hände und Füße werden kälter, die Haut wird blass oder leicht bläulich. Der Blutdruck sinkt, das Herz schlägt langsamer.

✓ **Bewusstsein und Wahrnehmung verschieben sich:** Viele Sterbende erleben in den letzten Momenten ihres Lebens außergewöhnliche Wahrnehmungen - sie sehen Verstorbene, hören Stimmen oder berichten, von einem „Licht" angezogen zu werden. Für Außenstehende mag dies wie ein Traum erscheinen, doch viele

Nahtoderfahrungen zeigen: **Das Bewusstsein löst sich langsam vom Körper.**

Das Sterben ist kein plötzlicher Moment des „Abschaltens", sondern ein sanfter Prozess, in dem sich der Körper und die Seele nach und nach voneinander lösen.

Der energetische Prozess: Der Moment des Übergangs

Während der physische Körper stirbt, verlässt die Seele langsam den Körper. Viele Menschen, die eine Nahtoderfahrung gemacht haben, beschreiben diesen Moment als

- **Ein Gefühl der Leichtigkeit:** Plötzlich sind alle Schmerzen verschwunden. Der Körper fühlt sich nicht mehr schwer, sondern fast schwerelos an.

- **Ein Schwebezustand:** Viele berichten, dass sie sich über ihrem Körper sehen können. Sie hören und sehen, was um sie herum geschieht, obwohl sie bereits für „tot" erklärt wurden.

- **Ein Tunnel oder eine Brücke:** Eine der häufigsten Erfahrungen ist das Durchschreiten eines dunklen Tunnels hin zu einem Licht. Manche sehen eine Brücke oder eine Treppe.

- **Eine Wiedervereinigung:** Viele Sterbende berichten, dass sie von bereits verstorbenen Angehörigen abgeholt werden. Es ist, als würden sie von liebenden Seelen in eine neue Welt begleitet.

Egal, welche Worte die Menschen für diesen Moment finden, die zentrale Erfahrung ist oft die gleiche: Frieden, Geborgenheit, das Gefühl, nach Hause zu kommen.

Der spirituelle Prozess: Was geschieht nach dem Tod?

Hier beginnt das große Geheimnis. **Was geschieht, wenn wir den letzten Atemzug tun?** Verschiedene spirituelle Traditionen beschreiben den Tod als einen Übergang, nicht als ein Ende:

- **Buddhismus & Hinduismus:** Der Tod ist nur eine Schwelle - danach beginnt eine neue Reise. Die Seele wird wiedergeboren, je nach ihrem Karma und den Lektionen, die sie im letzten Leben gelernt hat.

- **Schamanische Traditionen:** Viele indigene Kulturen sehen den Tod als einen Prozess der Rückkehr - die Seele verlässt die materielle Welt und kehrt zur Quelle zurück, um sich zu erholen und vorzubereiten.

- **Christliche Mystik & Jenseitsvorstellungen:** Die Seele tritt in eine Zwischenwelt ein, in der sie über ihre vergangenen Taten nachdenkt. Es gibt Ebenen des Lernens und Erkennens, bevor eine neue Entscheidung getroffen wird.

- **Nahtoderfahrungen:** Menschen, die „gestorben" und zurückgekehrt sind, berichten oft von einem hellen Licht, einem tiefen Frieden und einer allumfassenden Liebe. Die meisten empfinden den Tod nicht als Ende, sondern als Rückkehr in eine Heimat, die sie lange nicht mehr betreten haben.

Was, wenn der Tod nur eine Tür ist
– und nicht das Ende?

Reflexionsfragen für Sie

Welche persönliche Vorstellung haben Sie vom Tod? Was macht Ihnen mehr Angst - der Sterbeprozess oder das, was danach kommt? Gibt es eine spirituelle Lehre oder ein Wissen, das Sie beruhigt oder Ihnen eine Perspektive gibt?

Schlussgedanke: Der Tod ist ein Übergang, kein Ende

Der Tod ist das große Unbekannte - und doch haben Menschen aller Kulturen, Religionen und Wissenschaften versucht, ihn zu verstehen. **Vielleicht ist es an der Zeit, den Tod nicht mehr als Feind, sondern als Lehrer zu betrachten.** Er erinnert uns daran, bewusst zu leben, im Hier und Jetzt zu sein und keine Angst vor dem zu haben, was kommt. Denn vielleicht ist es gar nicht so anders, als wir es uns vorstellen.

Vielleicht kehren wir ja auch einfach nur wieder nach Hause zurück.

Kapitel 20: Beerdigungen, Abschied und Adieu sagen

Der Tod ist ein Übergang, aber für die Zurückbleibenden oft ein Moment tiefster Trauer. **Die Art und Weise, wie wir Abschied nehmen, hat großen Einfluss darauf, wie wir den Tod in unser Leben integrieren.** Bestattungen sind nicht nur Rituale des Abschieds - sie helfen uns, den Verlust zu verarbeiten, Frieden zu finden und die Seele des Verstorbenen auf ihrem Weg zu ehren.

In vielen Kulturen gibt es tief verwurzelte Traditionen, die zeigen, dass der Tod nicht das Ende, sondern ein neuer Anfang ist.

Die Bedeutung von Beerdigungsritualen

Jede Kultur hat ihren eigenen Umgang mit dem Tod. Doch eines ist allen gemeinsam: Der Abschied soll den Lebenden und den Toten helfen.

✓ **Für die Hinterbliebenen:** Rituale geben Halt, helfen den Tod zu begreifen und schaffen einen Übergang, um ohne den Verstorbenen weiterleben zu können.

✓ **Für den Verstorbenen:** In vielen spirituellen Traditionen glaubt man, dass die Seele durch Rituale leichter ihren Weg in die nächste Welt findet.

✓ **Für die Gesellschaft:** Bestattungen sind kollektive Trauerarbeit - sie erinnern uns daran, dass der Tod zum Leben gehört.

Die Art und Weise, wie wir uns von einem Menschen verabschieden, ist ein Spiegel unserer Kultur und unseres Glaubens.

Verschiedene Bestattungsarten weltweit

Feuerbestattung – Die Transformation durch das Feuer

- In vielen Kulturen gilt das Feuer als reinigendes Element. Besonders im Hinduismus gilt die Einäscherung als Befreiung der Seele.

- In der modernen westlichen Welt wird die Feuerbestattung immer häufiger gewählt. Sie ermöglicht eine größere Flexibilität, z.B. bei der Verstreuung der Asche.

- **Besondere Formen:** Seebestattung (die Asche wird dem Meer übergeben), Baumbestattung (die Asche wird den Wurzeln eines Baumes beigegeben) oder Diamantbestattung (die Asche wird zu einem Edelstein gepresst).

Erdbestattung – Zurück zur Erde

- Die klassische Erdbestattung im Sarg ist in vielen christlich geprägten Ländern immer noch die häufigste Bestattungsform.

- Sie symbolisiert die Rückkehr zur Erde („von Erde zu Erde, von Staub zu Staub").

- **Alternative Form:** Naturnahe Waldfriedhöfe, auf denen die Toten in biologisch abbaubaren Särgen ruhen, um mit der Natur zu verschmelzen.

Schamanische und spirituelle Beisetzungen

- Viele indigene Kulturen glauben, dass die Seele erst nach bestimmten Ritualen ihren Weg findet.

- In der tibetisch-buddhistischen Tradition gibt es die „Himmelsbestattung" - der Körper wird der Natur zurückgegeben, um von Geiern gefressen zu werden, als Symbol für den Kreislauf des Lebens.

- In einigen Kulturen gibt es einen Totem- oder Ahnenkult, bei dem der Verstorbene weiterhin als geistiger Begleiter angesehen wird.

Moderne Alternativen: Der Tod neu gedacht

- **Kryonik:** Der Körper wird eingefroren, in der Hoffnung, ihn in der Zukunft wiederbeleben zu können.

- **Weltraumbestattung:** Ein kleiner Teil der Asche wird in den Weltraum geschickt.

- **Recompose (Kompostierung):** Der Körper wird durch spezielle Verfahren wieder in Humus umgewandelt und zur Erde zurückgeführt.

Die Wahl der Bestattung sagt viel über die eigene Weltanschauung aus. Was fühlt sich für Sie richtig an?

Die Bedeutung eines bewussten Abschieds

Egal, für welche Bestattungsart man sich entscheidet, wichtig ist der Abschied. Oft bleibt nach einem plötzlichen Verlust vieles unausgesprochen. Doch es gibt Möglichkeiten, diesen Übergang bewusster zu gestalten.

- **Ein Abschiedsbrief** – Schreiben Sie dem Verstorbenen einen Brief, in dem Sie ihm mitteilen, was Sie ihm nie gesagt haben.

- **Ein persönliches Ritual** – Zünden Sie eine Kerze an, pflanzen Sie einen Baum oder legen Sie einen Gegenstand zur Erinnerung an den Verstorbenen nieder.

- **Sprechen Sie mit ihm** – Auch wenn man ihn nicht mehr sehen kann, darf man ihm alles sagen. Viele Menschen spüren die Gegenwart ihrer Angehörigen noch lange nach deren Tod.

- **Finden Sie Ihren eigenen Weg** – Sie müssen sich nicht an gesellschaftliche Konventionen halten. Es ist Ihr Abschied, gestalten Sie ihn nach Ihren Vorstellungen.

Reflexionsfragen für Sie

Wie möchten Sie, dass sich Ihre Liebsten an Sie erinnern?

- **Welche Form des Abschieds entspricht Ihrer Vorstellung von Leben und Tod?**

- **Haben Sie alles gesagt, was Sie sagen wollten?**

- **Wie können Sie sich von jemandem verabschieden, der nicht mehr da ist?**

Schlussgedanke: Der Tod ist nicht das Ende der Verbindung

Ein Begräbnis ist ein Abschied, aber es ist nicht das Ende. **Unsere Verbindung zu geliebten Menschen bleibt bestehen - in unseren Herzen, in unseren Erinnerungen und vielleicht sogar auf einer anderen Ebene.**

Wichtig ist nicht, wie wir uns verabschieden, sondern dass wir uns bewusst verabschieden. Denn nur so können wir in Frieden weiterleben - in dem Wissen, dass auch wir eines Tages Teil dieses Übergangs sein werden.

Aber bis dahin gilt:

> **Lebe bewusst. Lebe in Liebe. Lebe in Dankbarkeit.**

Kapitel 21: Der Tod als Initiation - Was, wenn er der Beginn einer neuen Reise ist?

Jahrhundertelang galt der Tod als das große, unüberwindbare Ende. Was aber, wenn wir ihn stattdessen als **Übergang** begreifen - als eine Art Initiation, eine Prüfung, die uns auf die nächste Stufe unseres Daseins vorbereitet?

Was, wenn der Tod nicht das Gegenteil vom Leben ist, sondern sein nächster Schritt?

Der Tod als Initiation in vielen spirituellen Traditionen

In alten Kulturen wurde der Tod nie als Endpunkt betrachtet. Viele spirituelle Traditionen sehen ihn als eine Prüfung, eine Transformation oder gar eine Wiedergeburt in einer anderen Form:

⊘ **Im alten Ägypten** galt der Tod als Beginn einer Reise in die Unterwelt, in der das Herz des Verstorbenen gewogen wurde. Nur wer reinen Herzens war, durfte in die nächste Existenz aufsteigen.

⊘ **Im Hinduismus** wird der Tod als Übergang in den Kreislauf der Wiedergeburt betrachtet. Das Bewusstsein wechselt von einem Körper in den nächsten, je nachdem, welches Karma es angesammelt hat.

⊘ **S**chamanische Kulturen glauben, dass die Seele nach dem Tod zu den Ahnen zurückkehrt oder eine andere Existenzform annimmt. Viele indigene Völker führen spezielle Rituale durch, um den Verstorbenen auf seinem Weg zu begleiten.

⊘ **In vielen antiken Mysterienschulen** gab es Initiationsriten, bei denen der Eingeweihte symbolisch starb, um „wiedergeboren" zu werden. Man glaubte, dass diese Erfahrung dem wirklichen Tod glich und dass diejenigen, die diese Erfahrung gemacht hatten, keine Angst mehr vor dem Sterben hatten.

Vielleicht ist unser physischer Tod nichts anderes als eine spirituelle Initiation - eine Prüfung, die uns auf die nächste Etappe unserer Reise vorbereitet.

Geburt und Tod: zwei Seiten einer Medaille

Wenn ein Kind geboren wird, tritt es in eine Welt ein, die es vorher nicht kannte.

- Es verlässt einen vertrauten Raum (den Mutterleib) und tritt in eine völlig neue Existenz ein.

- Es erlebt Licht, Geräusche, Berührungen – und es muss sich an diese neue Realität gewöhnen.

Was ist, wenn der Tod genau das Gleiche ist - nur in die andere Richtung?

Für das Baby im Mutterleib ist die Geburt der „Tod" seiner bisherigen Existenz. Für uns auf der Erde ist der Tod der „Übergang" in eine andere Dimension.

Viele Nahtoderfahrungen deuten darauf hin, dass das, was nach dem Tod geschieht, einem bewussten Geburtsprozess ähnelt:

- Ein Gefühl des Schwebens und der Schwerelosigkeit
- Eine Reise durch einen Tunnel oder über eine Brücke ins helle Licht
- Ein Ankommen in einer anderen Welt, wo geliebte Seelen schon warten
- Ein Gefühl von tiefer Liebe, Frieden und Geborgenheit

Vielleicht ist der Tod kein Ende, sondern eine zweite Geburt - eine Geburt zurück in unsere wahre Heimat.

Wenn der Tod nur eine Illusion ist

Viele Mystiker und spirituelle Lehrer haben gesagt:

- **Der Tod existiert nicht. Es gibt nur den Übergang von einer Form in eine andere.**
- **„Es gibt keinen Tod, es gibt nur einen Wechsel der Welt."** – Häuptling Seattle
- **„Ihr seid nicht ein Mensch, der eine spirituelle Erfahrung macht. Ihr seid ein spirituelles Wesen, das eine menschliche Erfahrung macht."** – Pierre Teilhard de Chardin
- **„Der Tod ist eine Fiktion der Unwissenden. Es gibt nur Leben, Leben und nur Leben, das sich von einer Dimension in die andere bewegt."** – Sadhguru

Diese Sichtweise verändert alles. **Wenn wir den Tod nicht mehr als Ende, sondern als Übergang sehen, dann können wir auch unser Leben anders gestalten.**

- **Wir hätten weniger Angst.**
- **Wir würden bewusster leben.**
- **Wir würden uns auf die Seele konzentrieren, nicht nur auf den Körper.**

Reflexionsfragen für Sie

Haben Sie den Tod schon einmal als Initiation betrachtet? Welche Vorstellung vom Tod tröstet Sie oder macht Ihnen Angst? Was würde sich in Ihrem Leben ändern, wenn Sie mit Sicherheit wüssten, dass der Tod nur ein Neuanfang ist?

Schlussgedanke: Der Tod als Schlüssel zur Freiheit

Vielleicht ist der größte Trick der Angst, dass sie uns glauben lässt, der Tod sei das Ende.

Was aber, wenn das größte Geschenk die Erkenntnis ist, dass wir unendlich sind?

Der Tod ist keine Niederlage. Er ist eine Schwelle.

Wer ihn nicht fürchtet, lebt freier, liebt tiefer und erkennt, dass das Leben ein großes Spiel der Erfahrung ist.

Es gibt keinen Grund, die nächste Reise zu fürchten. Sie führt dorthin, wo wir alle hingehören

Kapitel 22: Tod und Wissenschaft - Was sagen uns die Studien und die Forschung?

Der Tod gehört zu den größten Rätseln der Menschheit. Während Religionen und spirituelle Traditionen klare Vorstellungen vom Leben nach dem Tod haben, versucht die Wissenschaft Antworten auf dieses Rätsel zu finden. Doch wie weit ist die Forschung wirklich? Gibt es Hinweise auf ein Leben nach dem Tod? Oder ist der Tod das endgültige Ende unseres Bewusstseins?

Nahtoderfahrungen - wissenschaftliche Erklärungen oder Tor zur anderen Welt?

Millionen von Menschen haben so genannte Nahtoderfahrungen (NTE) gemacht, bei denen sie sich außerhalb ihres Körpers befanden, durch einen Tunnel reisten oder ein helles Licht sahen. Viele berichten von Begegnungen mit verstorbenen Angehörigen oder höheren Wesen. Aber was sagt die Wissenschaft dazu?

Medizinische Theorien über Nahtoderfahrungen

- **Neurologische Erklärungen:** Einige Forscher glauben, dass Nahtoderfahrungen durch Sauerstoffmangel im Gehirn ausgelöst werden. Andere vermuten, dass der sterbende Körper große Mengen der bewusstseinsverändernden Substanz DMT freisetzt, was zu Halluzinationen führen könnte.

- **Psychologische Theorien:** Die Angst vor dem Tod kann eine Schutzfunktion des Gehirns auslösen, die ein Gefühl des Friedens und des Loslassens erzeugt. Manche Psychologen sprechen von "kulturell geprägten Erfahrungen", weil Menschen aus verschiedenen Kulturen unterschiedliche Bilder und Szenarien erleben.

- **Quantenphysikalische Theorien:** Einige Wissenschaftler gehen davon aus, dass unser Bewusstsein nicht an unser Gehirn gebunden ist. Theorien wie das "holographische Universum" oder das "biologische Quantenbewusstsein" (nach Dr. Stuart Hameroff und Sir Roger Penrose) legen nahe, dass das Bewusstsein nach dem Tod fortbestehen könnte.

Die Wissenschaft hat noch keine endgültige Erklärung für Nahtoderfahrungen. Viele Forscher bleiben skeptisch, während andere davon überzeugt sind, dass diese Erfahrungen echte Einblicke in das Leben nach dem Tod bieten.

Gibt es Bewusstsein nach dem Tod? Neurowissenschaft und Quantenphysik

Einige Experimente und Forschungen deuten darauf hin, dass unser Bewusstsein unabhängig von unserem Körper existieren könnte.

Die AWARE-Studie (Awareness during Resuscitation)

Eine der größten Studien über Nahtoderfahrungen wurde von Dr. Sam Parnia durchgeführt. In dieser Studie wurden mehr als 2.000 Patienten untersucht, die nach einem Herzstillstand wiederbelebt wurden. Etwa 10-20% berichteten von bewussten Erlebnissen während ihrer "toten" Phase. Einige konnten Details ihrer Umgebung beschreiben, die sie eigentlich nicht wahrnehmen konnten.

Wie ist das möglich, wenn das Gehirn in diesem Moment eigentlich keine Aktivität mehr zeigt?

Quantenbewusstsein - Überlebt der Geist den Körper?

Die Quantenphysik bietet revolutionäre Ansätze zur Erklärung des Bewusstseins. Einige Forscher, darunter der Physiker Dr. Amit Goswami, glauben, dass unser Bewusstsein nicht lokal im Gehirn lokalisiert ist, sondern Teil eines größeren Feldes ist. Dieses "Bewusstseinsfeld" könnte nach dem Tod weiter existieren - ähnlich wie ein Radiosignal, das nach dem Abschalten des Radios noch vorhanden ist.

Was, wenn unser Bewusstsein nur eine Projektion ist – ein Teil eines viel größeren kosmischen Bewusstseins?

Rückführungen in frühere Leben - Reinkarnation aus der Sicht der Wissenschaft

Die Idee der Reinkarnation - also der Wiedergeburt der Seele in einem neuen Körper - ist seit Jahrtausenden in vielen Kulturen verankert. Doch gibt es Beweise dafür?

Dr. Ian Stevenson und die Erforschung von Reinkarnation

Der renommierte Psychiater Dr. Ian Stevenson (Universität von Virginia) hat über 40 Jahre lang mehr als 3.000 Fälle von Kindern untersucht, die sich angeblich an frühere Leben erinnern konnten. In vielen Fällen beschrieben sie Details von Personen und Orten, die sie nie gekannt haben können.

Ein Beispiel: Ein indisches Kind erinnerte sich an ein früheres Leben als Mann in einer anderen Stadt – mit Namen, Familienangehörigen und Todesumständen. Als Forscher den beschriebenen Ort aufsuchten, fanden sie tatsächlich eine Familie, die den verstorbenen Mann kannte und die Richtigkeit der Angaben bestätigte.

Wie ist es möglich, dass Kinder sich an Dinge erinnern können, die sie noch nie im Leben erlebt haben?

Hypnotische Rückführungen - Realität oder Einbildung?

Viele Menschen haben unter Hypnose sogenannte "Rückführungen in frühere Leben" erlebt. Sie berichten von Erlebnissen aus Zeiten, die sie nie bewusst erlebt haben können.

- **Wissenschaftliche Kontroversen:** Kritiker behaupten, es handele sich um Einbildung oder Suggestion. Befürworter argumentieren, dass Erinnerungen authentisch sein können und durch ein tieferes Bewusstsein abrufbar sind.

- Unabhängig davon, ob es wissenschaftlich erwiesen ist oder nicht, haben Rückführungen oft tief greifende Auswirkungen auf das Leben der Menschen, die sie erleben.

Reflexionsfragen für Sie

- Haben Sie schon einmal von Nahtod-Erfahrungen gehört? Glauben Sie, dass es sich dabei um echte Einblicke in das Leben nach dem Tod handelt?

- Welche wissenschaftliche Theorie über das Bewusstsein nach dem Tod spricht Sie am meisten an?

- Glauben Sie an Reinkarnation – oder eher an ein endgültiges Ende nach dem Tod?

- Welche Forschungsergebnisse haben Sie am meisten überrascht?

Übung: Schreiben Sie Ihre eigenen Gedanken zum Tod auf. Notieren Sie, was Sie am meisten fasziniert und was Sie am meisten beunruhigt. Stellen Sie Ihre eigene Theorie darüber auf, was nach dem Tod passiert - basierend auf dem, was Sie glauben und fühlen.

Schlussgedanke: Wissenschaft und Spiritualität müssen sich nicht widersprechen

Die Wissenschaft hat viele Fortschritte gemacht, aber das größte Rätsel - was nach dem Tod geschieht - bleibt ungelöst. Vielleicht wird die Wissenschaft den Tod nie ganz erklären können, denn er ist nicht nur ein physisches, sondern auch ein spirituelles Phänomen.

Letztendlich liegt es an uns, unsere eigene Wahrheit zu finden. **Was fühlt sich für Sie richtig an? Was gibt Ihnen Frieden?** Vielleicht liegt die Antwort auf den Tod nicht nur in Zahlen und Experimenten, sondern auch im Herzen.

Fazit des Kapitels

Die Wissenschaft hat viele spannende Hinweise darauf gefunden, dass der Tod vielleicht doch nicht das absolute Ende ist. Ob durch Quantenphysik, Nahtoderfahrungen oder Reinkarnationsstudien – **die Grenzen zwischen Leben und Tod sind möglicherweise viel fließender, als wir bisher dachten** .

Was ist die Wahrheit?

Das muss jeder für sich selbst herausfinden.

Kapitel 23: Kommunikation mit Verstorbenen - Kann der Kontakt aufrechterhalten werden?

Der Tod bedeutet für viele Menschen den endgültigen Abschied von einem geliebten Menschen. Aber ist das wirklich so? Viele berichten von Begegnungen mit Verstorbenen - sei es in Träumen, plötzlichen Eingebungen oder geheimnisvollen Zeichen. Ist es möglich, dass der Kontakt über den Tod hinaus bestehen bleibt? Gibt es dafür wissenschaftliche oder spirituelle Erklärungen?

Zeichen aus dem Jenseits - was viele Menschen erleben

Immer wieder berichten Menschen, dass sie nach dem Tod eines geliebten Menschen seltsame Dinge erlebt haben:

✅ **Exakt zur Todesminute bleiben die Uhren stehen**

✅ **Gegenstände fallen plötzlich um oder tauchen an unerwarteten Stellen auf**

✅ **Elektrische Geräte schalten sich von selbst ein oder aus**

✅ **Ein plötzlich auftretender, intensiver Geruch erinnert an die verstorbene Person**

✅ **Träume, in denen der Verstorbene erscheint und tröstende Botschaften übermittelt**

✅ **Schmetterlinge, Vögel oder besondere Lichter, die genau zum richtigen Zeitpunkt erscheinen**

Ist das alles nur Zufall - oder sind es Botschaften aus einer anderen Welt?

Jenseitskontakte – Spirituelle und mediale Erfahrungen

Manche Menschen behaupten, mit Verstorbenen kommunizieren zu können - sei es durch **spirituelle Rituale, Medialität oder spontane Eingebungen**. Diese Vorstellung ist in vielen Kulturen tief verwurzelt:

In schamanischen Traditionen gibt es spezielle Zeremonien, in denen die Schamanen mit den Ahnen Kontakt aufnehmen und sie um Rat fragen.

Im Spiritismus sind Medien dafür bekannt, Botschaften aus dem Jenseits zu empfangen. Berühmte Medien wie Allan Kardec oder Edgar Cayce haben dieses Thema intensiv erforscht.

> **Viele Menschen berichten, dass sie in der Meditation oder in einem veränderten Bewusstseinszustand plötzlich „Antworten" oder eine Präsenz spüren. Könnte es sein, dass unsere Verstorbenen uns begleiten - auch wenn wir sie nicht mehr sehen können?**

Wissenschaftliche Forschungen zur Jenseitskommunikation

Die Wissenschaft hat das Thema Jenseitskontakte lange Zeit ignoriert oder als Hirngespinst abgetan. Inzwischen gibt es jedoch Forscher, die sich intensiv mit dieser Frage beschäftigen:

Nahtoderfahrungen und Begegnungen mit Verstorbenen

Studien über Nahtoderfahrungen zeigen, dass viele Menschen von **Begegnungen mit verstorbenen Angehörigen** berichten. Diese Erfahrungen sind oft intensiver und klarer als gewöhnliche Träume. Manche berichten sogar, dass die Verstorbenen ihnen Informationen gegeben haben, die sie später überprüft und als wahr bestätigt haben.

Sind das Beweise für ein Leben nach dem Tod?

Das Scole-Experiment: Wissenschaftliche Experimente mit dem Jenseits

Eines der bekanntesten Experimente zur Jenseitskommunikation fand in den 1990er Jahren in England statt. Ein Team von Wissenschaftlern und Medien versuchte mit verschiedenen Methoden mit Verstorbenen zu kommunizieren.

Während der Sitzungen traten mysteriöse Lichtphänomene auf, Stimmen wurden auf Tonband aufgenommen und Botschaften auf ungeöffnete Filmrollen projiziert.

Die Ergebnisse sind kontrovers - lassen aber viele Fragen offen.

Reflexionsfragen für Sie

Haben Sie schon einmal ein Zeichen von einem Verstorbenen erhalten? Glauben Sie, dass es möglich ist, mit Verstorbenen Kontakt aufzunehmen? Haben Sie sich schon einmal mit spirituellen oder wissenschaftlichen Forschungen zu diesem Thema beschäftigt? Wenn Sie mit einem Verstorbenen sprechen könnten, was würden Sie ihn fragen?

Schlussgedanke: Der Tod trennt uns nur scheinbar

Vielleicht sind unsere Verstorbenen gar nicht so weit weg, wie wir denken. **Vielleicht ist die Liebe, die wir teilen, die Brücke zwischen den Welten.**

Was wäre, wenn wir nur lernen müssten, anders zuzuhören?

Loslassen lernen

Frage: An welchen Dingen, Menschen oder Erinnerungen hängen Sie, obwohl sie Ihnen nicht mehr dienen?

Übung:

Schreiben Sie eine Liste mit allem, was Sie loslassen möchten - dann verbrennen oder zerreißen Sie das Papier als symbolischen Akt.

Kapitel 24: Der bewusste Abschied – Ein Weg zu mehr Frieden

W ie können wir uns selbst und andere bewusst auf den Tod vorbereiten? In vielen spirituellen Traditionen gibt es Techniken, die helfen, mit der Angst umzugehen und sich bewusst auf den letzten Moment einzulassen.

Abschied nehmen: Wie wir dem Tod begegnen können

✧ **Achtsames Abschiednehmen:** In der tibetischen Tradition flüstern Mönche dem Sterbenden heilige Mantras ins Ohr, damit die Seele den richtigen Weg findet.

✧ **Lichter und Kerzen:** In vielen Kulturen werden Kerzen angezündet, um den Verstorbenen Licht auf ihrem Weg zu schenken.

✧ **Vergebung und Dankbarkeit:** Ein bewusstes Gespräch mit dem Sterbenden, in dem ungelöste Themen geklärt werden, kann helfen, in Frieden zu gehen.

Wie bewusst gehen wir mit dem Thema Abschied um? Könnten wir uns besser darauf vorbereiten?

Schamanische Rituale zur Loslösung von Angst

In vielen schamanischen Kulturen wird der Tod als natürlicher Zyklus angesehen, der keine Angst, sondern Respekt erfordert. Schamanen führen Rituale durch, um der Seele den Übergang zu erleichtern.

Seelenreisen und Trommeltechniken

- **Schamanische Seelenreisen:** Schamanen nutzen Meditationen und Trommeltechniken, um mit der Welt der Ahnen in Kontakt zu treten und Sterbende auf ihrer Reise zu begleiten.

- **Die „Psychopompos"-Rolle:** In vielen schamanischen Traditionen gibt es sogenannte „Seelenführer", die die Seele auf die andere Seite begleiten.

- **Energetische Reinigung:** In einigen Kulturen werden Räucherzeremonien mit Salbei oder Palo Santo durchgeführt, um die Umgebung von schweren Energien zu befreien.

Wie können wir in unserer modernen Welt Rituale nutzen, um den Übergang bewusster zu gestalten?

Reflexionsfragen für Sie

Wie gehen Sie persönlich mit dem Gedanken an den Tod um? Gibt es Rituale oder spirituelle Techniken, die Ihnen helfen, Frieden mit diesem Thema zu schließen? Welche Rolle spielt Achtsamkeit in Ihrem Leben? Wie würden Sie sich vorbereiten, wenn Sie wüssten, dass Ihr Tod bevorsteht?

Schlussgedanke: Der Tod als bewusster Übergang

Vielleicht ist der Tod nicht das abrupte Ende, das wir fürchten - sondern eine bewusste Reise in eine neue Dimension. **Vielleicht geht es nicht darum, den Tod zu vermeiden, sondern ihn als Lehrer anzunehmen.**

Wie wäre es, wenn wir den Tod als bewussten Übergang sehen und uns mit Respekt und Vertrauen darauf vorbereiten?

Altes China – Laozi (Tao Te Ching)

„Das Leben ist eine Reise zurück zur Quelle. Wer den Tod nicht fürchtet, hat verstanden, dass er niemals getrennt war."

Kapitel 25: Der Tod als Einweihung – Was, wenn er der Beginn einer neuen Reise ist?

Viele Kulturen und spirituelle Traditionen betrachten den Tod nicht als endgültiges Ende, sondern als einen Übergang – eine Einweihung in eine neue Daseinsform. Doch was bedeutet das für uns? Wenn der Tod nicht das Ende ist, sondern eine Weiterentwicklung, eine Transformation, dann verändert sich unsere gesamte Perspektive auf das Leben.

Der Tod als Übergang in eine neue Existenzform

In vielen Weisheitslehren ist der Tod nur eine Schwelle - ein Moment der Veränderung, in dem wir in eine neue Daseinsform eintreten.

- **Die Analogie zur Geburt:** So wie das Ungeborene nicht weiß, was nach der Geburt kommt, so wissen wir nicht, was nach dem Tod kommt. Für das Baby ist die Geburt das Ende seiner bisherigen Existenz - aber in Wirklichkeit beginnt dann erst das eigentliche Leben.

- **Der Tod als Aufstieg der Seele:** In der spirituellen Philosophie vieler Traditionen ist der Tod der Moment, in dem die Seele von ihren irdischen Begrenzungen befreit wird.

- **Der Blick auf Nahtoderfahrungen:** Menschen, die eine Nahtoderfahrung gemacht haben, berichten oft von Licht, Frieden und dem Gefühl, nach Hause zu kommen - als wäre der Tod kein Ende, sondern eine Heimkehr.

Wenn wir den Tod als Übergang und nicht als Ende begreifen, verlieren wir die Angst vor ihm.

Initiation & Transformation: Der Tod als spirituelle Prüfung

Viele alte Kulturen und Mysterienschulen sahen den Tod als eine Einweihung – eine Prüfung, durch die sich das Bewusstsein weiterentwickelt.

Der symbolische Tod in spirituellen Lehren

- **Die ägyptischen Mysterien:** Die Einweihung in die höchsten spirituellen Mysterien erforderte, dass der Schüler symbolisch „starb" – um dann in einem neuen Bewusstsein wiedergeboren zu werden.

- **Schamanische Todesriten:** Schamanen durchlaufen oft rituelle „Todeserfahrungen", bei denen sie symbolisch sterben und wiedergeboren werden, um Weisheit zu erlangen.

- **Nahtoderfahrungen als echte Einweihung:** Menschen, die eine Nahtoderfahrung gemacht haben, berichten oft von tiefgreifenden Veränderungen in ihrem Bewusstsein. Ihre Lebenseinstellung ändert sich, ihre Wertvorstellungen verschieben sich.

Vielleicht ist der Tod nicht nur eine biologische Realität, sondern auch eine spirituelle Prüfung – eine Einweihung in eine neue Ebene des Bewusstseins.

Was wäre, wenn der Tod unser größter Lehrer ist?

In vielen spirituellen Traditionen wird der Tod als Lehrer betrachtet - als ein Moment, der uns zeigt, worauf es im Leben wirklich ankommt.

✧ **Die Lehren von Menschen, die dem Tod nahe waren:** Menschen mit Nahtoderfahrungen berichten oft, dass sie erkannt haben, dass es im Leben um Liebe, Mitgefühl und Entwicklung geht - und nicht um materielle Errungenschaften.

✅ **Die tibetische Sichtweise:** Im tibetischen Buddhismus gilt der Tod als der wichtigste Moment im Leben, da er über unsere nächste Existenz entscheidet.

✅ **Die Reflexion über die eigene Sterblichkeit:** Wer sich seines Sterbens bewusst wird, beginnt anders zu leben - achtsamer, bewusster, liebevoller.

> **Was wäre, wenn der Tod nicht unser Feind, sondern unser größter Lehrer wäre?**

Reflexionsfragen für Sie

Haben Sie schon einmal darüber nachgedacht, dass der Tod nur eine Verwandlung ist?

- Wie würde sich Ihr Leben verändern, wenn Sie den Tod als Teil eines größeren Kreislaufs sehen würden?

- Welche spirituellen oder kulturellen Vorstellungen über den Tod sprechen Sie am meisten an?

- Wie können Sie den Gedanken an den Tod nutzen, um Ihr Leben intensiver und bewusster zu leben?

Schlussgedanke: Vom Sterben zum Erwachen

Vielleicht ist der Tod nicht das Ende, sondern eine Initiation, ein Moment des Erwachens, der uns in eine tiefere Wirklichkeit führt.

Was, wenn das Sterben in Wirklichkeit eine Wiedergeburt ist - in eine größere Wahrheit, die wir mit unseren begrenzten Sinnen noch nicht erfassen können?

Kapitel 26: Der bewusste Abschied – Rituale und neue Wege des Gedenkens

D er Tod ist nicht nur ein Übergang für den Verstorbenen, sondern auch ein tiefgreifender Moment des Abschieds für die Hinterbliebenen. In unserer modernen Gesellschaft haben sich die Bestattungsrituale stark verändert - doch in vielen Kulturen sind alte Bräuche erhalten geblieben, die den Übergang für alle Beteiligten erleichtern.

Traditionelle und moderne Bestattungsrituale

Feuerbestattung – Transformation in Asche und Licht

Die Feuerbestattung gehört zu den ältesten Bestattungsformen und wird vor allem im Hinduismus und Buddhismus praktiziert. Sie steht dort für die endgültige Befreiung der Seele vom physischen Körper.

- **Hinduistisches Ritual:** In Indien wird die Asche oft in heilige Flüsse gestreut, um die Seele in den Kreislauf des Lebens zurückzuführen.

- **Moderne Feuerbestattungen:** In den westlichen Ländern entscheiden sich viele Menschen für eine Feuerbestattung mit einer individuellen Abschiedszeremonie.

- **Diamantbestattung:** Moderne Technologien ermöglichen es, aus der Asche einen Diamanten zu pressen - ein Symbol für die Ewigkeit.

   Was bedeutet Feuer für Sie? Sehen Sie es als reinigende Kraft oder als Übergang in eine andere Ebene?

Erdbestattung – Die Rückkehr in den Kreislauf der Natur

In vielen Religionen ist die Erdbestattung die traditionellste Form der Bestattung, da sie die Rückkehr des Körpers zur Erde symbolisiert.

- **Christliche Tradition:** „Von der Erde genommen, zur Erde zurückgekehrt". Der Körper wird der Mutter Erde übergeben, während die Seele weiterreist.

- **Naturnahe Bestattungen:** Inzwischen gibt es alternative Methoden wie **Waldbestattungen** oder **Beisetzungen in Bio-Särgen**, um der Natur wieder etwas zurückzugeben.

- **Islamische und jüdische Bestattungen:** In diesen Religionen ist die Erdbestattung ein heiliger Akt, bei dem der Körper unversehrt bleibt und in der Erde ruht.

Welche Bestattungsart ist für Sie die stimmigste? Warum?

Seebestattung – Die Verbundenheit mit dem Wasser

Das Meer ist seit jeher ein Symbol der Unendlichkeit und der Wiedergeburt. In vielen Kulturen gilt es als Tor zwischen den Welten.

- **Nordische Seebestattungen:** Die Wikinger verbrannten ihre Toten auf brennenden Schiffen und schickten sie als Zeichen der Ehre auf die offene See.

- **Moderne Seebestattungen:** Heute werden Urnen in speziellen Gewässern beigesetzt, oft mit einer persönlichen Zeremonie.

- **Ascheverstreuung im Wasser:** Manche Menschen wünschen, dass ihre Asche in einen Fluss, See oder Meer gestreut wird, um symbolisch in den Kreislauf des Wassers zurückzukehren.

Warum fühlen sich viele Menschen zum Wasser hingezogen? Liegt darin eine tiefe Erinnerung an unseren Ursprung?

Neue Wege des Gedenkens - Der Tod als Erinnerungskultur

Das Abschiednehmen endet nicht mit der Beerdigung. Das Gedenken ist ein wichtiger Teil des Heilungsprozesses.

✓ **Digitale Gedenkseiten & virtuelle Friedhöfe:** Immer mehr Menschen nutzen Online-Plattformen, um Erinnerungen an geliebte Verstorbene festzuhalten.

✓ **Bäume pflanzen statt Grabsteine:** Bei nachhaltigen Bestattungsformen kann ein Baum als lebendiges Andenken an den Verstorbenen gepflanzt werden.

✓ **Kunstwerke aus Asche:** Manche Künstler stellen aus der Asche Verstorbener Bilder, Skulpturen oder Glaskunstwerke her - eine moderne Form des Gedenkens.

✓ **Rituale im Alltag:** Manche Menschen pflegen kleine Alltagsrituale wie das Anzünden einer Kerze oder das Ablegen einer Blume an besonderen Orten.

Wie möchten Sie in Erinnerung bleiben? Welche Rituale erscheinen Ihnen sinnvoll?

Reflexionsfragen für Sie

- Wie möchten Sie einmal bestattet werden - und warum?
- Gibt es Rituale oder Symbole, die Ihnen wichtig wären?
- Wie können Sie bewusst mit dem Tod eines geliebten Menschen umgehen?
- Wie können wir das Abschiednehmen aus der Tabuzone holen und als Teil des Lebens akzeptieren?

Schlussgedanke: Abschied als bewusste Handlung

Vielleicht geht es nicht nur darum, den Tod zu fürchten, sondern ihn bewusst zu gestalten.

Wie können wir den Übergang zu etwas Würdevollem, Liebevollem und Sinnstiftendem schaffen?

Kapitel 27: Der bewusste letzte Moment – Wie andere Kulturen den Sterbeprozess begleiten

D er Tod ist nicht das Ende, sondern der Übergang in eine neue Existenzform. Doch wie dieser Übergang erlebt wird, hängt stark von kulturellen, religiösen und spirituellen Überzeugungen ab. Viele Kulturen und spirituelle Traditionen haben Rituale entwickelt, um Sterbenden den Übergang zu erleichtern und ihnen einen friedvollen letzten Moment zu ermöglichen.

Sterben in unterschiedlichen Traditionen: Buddhismus, Hinduismus, Schamanismus, Christentum

Buddhismus: Bewusst in den nächsten Zyklus eintreten

Im Buddhismus wird der Tod als Übergang in eine neue Existenz betrachtet, entweder durch Wiedergeburt oder durch das Erreichen des Nirwana. Insbesondere im tibetischen Buddhismus gibt es detaillierte Anweisungen für den Sterbeprozess, die im *Bardo Thödol* (Tibetisches Totenbuch) beschrieben sind.

- **Bewusstes Sterben:** Mönche oder spirituelle Begleiter rezitieren Mantras, um den Sterbenden in einen friedlichen Geisteszustand zu versetzen.

- **Die drei Bardos:** Der Sterbende durchläuft nach dem Tod drei Bewusstseinszustände - den Moment des Todes, die Zwischenwelt und die Wiedergeburt.

- **Das Ziel:** Im Idealfall soll der Sterbende ohne Angst und Anhaftung loslassen, um einen höheren Seinszustand zu erreichen.

Hinduismus: Der Tod als spirituelle Befreiung

Im Hinduismus ist der Tod keine Endstation, sondern eine Chance zur Befreiung (Moksha) oder Wiedergeburt nach dem Gesetz des Karma.

- **Rituale am Sterbebett:** Die Familie versammelt sich und rezitiert heilige Schriften wie die *Bhagavad Gita* , während die letzten Tropfen des heiligen Gangeswassers auf die Lippen des Sterbenden geträufelt werden.

- **Bewusster Tod:** Wer mit dem Mantra „Om Namah Shivaya" stirbt, soll eine höhere Wiedergeburt erlangen oder sogar aus dem Kreislauf der Reinkarnation befreit werden.

- **Verbrennung:** Der Körper wird rituell verbrannt, um die Seele von der irdischen Bindung zu lösen.

Schamanismus: Der Tod als Reise der Seele

In vielen schamanischen Kulturen wird der Tod als bewusste Reise der Seele in die geistige Welt betrachtet.

- **Sterberitual:** Schamanen begleiten den Sterbenden mit Trommelrhythmen, Gesängen und Visionen, um die Seele auf ihren Weg vorzubereiten.

- **Ahnenverbindung:** Der Tod wird als Rückkehr zu den Ahnen gesehen, die den Übergang begleiten.

- **Transformation:** Einige schamanische Traditionen glauben, dass sich die Seele in verschiedene spirituelle Formen verwandeln kann, abhängig von der gelebten Energie im Leben.

Christentum: Die Hoffnung auf Erlösung

Im Christentum wird der Tod als Übergang zum ewigen Leben bei Gott gesehen.

- **Die Sterbesakramente:** Die Krankensalbung und das letzte Gebet sollen dem Sterbenden Frieden geben und ihn auf das ewige Leben vorbereiten.

- **Letzte Worte und Sündenvergebung:** Beichte und Gebete werden als Möglichkeit gesehen, in Reinheit zu sterben.

- **Bestattungsrituale:** Der Verstorbene wird gesegnet und in der Hoffnung auf die Auferstehung in die Hände Gottes gelegt.

Begleitung Sterbender: Was können wir tun?

Unabhängig von Kultur und Religion ist das Sterben ein heiliger Moment und es liegt in unserer Verantwortung, Sterbende würdevoll zu begleiten.

1. **Präsenz zeigen: Oft ist es nicht wichtig, was gesagt wird, sondern dass jemand einfach da ist. Halte die Hand, schenke Nähe, höre zu.**

2. **Eine ruhige Umgebung schaffen:** Musik, sanftes Licht oder Gebete können helfen, eine Atmosphäre des Friedens zu schaffen.

3. **Ermutigen, loslassen:** Manchmal klammern sich Sterbende an das Leben, weil sie sich um ihre Familie kümmern. Ihnen zusichern, dass alles gut ist, kann den Übergang erleichtern.

4. **Spirituelle Unterstützung:** Wenn der Sterbende religiös oder spirituell ist, kann das Rezitieren von Mantras, das Sprechen von Gebeten oder das Erzählen von schönen Erinnerungen helfen.

5. **Vergebung und Liebe äußern:** Offene Worte, Vergebung und Dankbarkeit können heilsam wirken.

Letzte Worte - Aussagen von Menschen am Ende ihres Lebens und was wir daraus lernen können

Viele Menschen haben in ihren letzten Momenten erstaunliche Erkenntnisse gewonnen und Worte hinterlassen, die über ihren Tod hinaus wirken.

- **„Ich liebe euch."** – Die meisten Sterbenden betonen, dass Liebe das Wichtigste im Leben ist.

- **„Es ist gut so."** – Wer im Frieden mit sich selbst ist, kann den Tod ohne Angst annehmen.

- **„Es tut mir leid."** – Viele bereuen Streit, den sie nicht beilegen konnten.

- **„Ich sehe Licht."** – Nahtoderfahrungen zeigen oft eine Vision von Helligkeit und Wärme.

Reflexionsfrage:

Wenn Sie nur noch einen Tag zu leben hätten – was wären Ihre letzten Worte an die Welt?

Kapitel 28: Der Tod als Schlüssel zur Freiheit – Wie er unser Leben bereichern kann

Der Tod ist nicht das Ende - er ist der Schlüssel zur letzten Freiheit. Dennoch wird er in unserer modernen Gesellschaft als Feind betrachtet, als etwas, das es zu fürchten oder gar zu meiden gilt. Was wäre, wenn wir unsere Perspektive ändern würden? Was, wenn der Tod nicht unser Feind, sondern unser Lehrer wäre?

Jeder Mensch wird sterben. Das ist die unumstößliche Wahrheit unserer Existenz. Doch paradoxerweise verdrängen wir genau diese Wahrheit aus unserem Bewusstsein. Wir tun so, als hätten wir unendlich viel Zeit. Wir leben in Routinen, in Ängsten, in Zwängen. Wir träumen vom Später, als gäbe es ein garantiertes Irgendwann.

Aber was wäre, wenn wir dem Tod ins Auge sehen würden - und keine Angst mehr davor hätten?

Was wäre, wenn wir uns vor nichts mehr fürchten müssten?

Die Angst vor dem Tod lähmt uns. Sie hindert uns daran, wirklich zu leben. Wenn wir die Angst verlieren, verändert sich unser Leben tiefgreifend:

- **Wir schätzen den Moment mehr.** Wenn wir erkennen, dass jeder Tag unser letzter sein könnte, leben wir intensiver. Wir verschwenden keine Zeit mit Unwichtigem.

- **Wir hören auf, uns zu verbiegen.** Warum ein Leben führen, das nicht zu uns passt? Warum uns anpassen, wenn wir nur diese eine Chance haben, unser authentisches Selbst zu sein?

- **Wir lieben bedingungsloser.** Der Tod zeigt uns, dass nichts von Dauer ist – auch nicht die Menschen, die wir lieben. Das macht jede Begegnung wertvoll.

- **Wir vergeben schneller.** Warum an Groll und Wut festhalten, wenn das Leben so kurz ist? Der Tod erinnert uns daran, dass Frieden immer die bessere Wahl ist.

- **Wir haben Mut, das Leben zu gestalten.** Menschen, die sich ihrer Endlichkeit bewusst sind, treffen mutigere Entscheidungen. Sie nehmen nicht mehr einfach hin, was ihnen das Leben beschert, sondern gestalten es aktiv.

Der Tod als Lehrer für ein erfülltes Leben

Viele spirituelle Traditionen betrachten den Tod nicht als Ende, sondern als Lehrer. Er erinnert uns daran, was wirklich zählt.

- **Im Buddhismus** wird die Vergänglichkeit (*Anicca*) als eine der drei Vergänglichkeiten angesehen.

- **Im Stoizismus** empfehlen Philosophen, sich täglich bewusst mit dem Tod auseinanderzusetzen (Memento Mori - „Bedenke, dass du sterblich bist") um das Leben intensiver zu nutzen.

- **Im Schamanismus** ist der Tod eine Transformation – eine Rückkehr zur Quelle. Der Schamane akzeptiert ihn als natürlichen Prozess und feiert ihn als Übergang in eine neue Dimension des Seins.

Wie wir mit dem Wissen über den Tod besser leben können

- **Geniessen Sie jeden Tag bewusst und fragen Sie sich:** „Wenn heute mein letzter Tag wäre, würde ich ihn so verbringen?"

- **Aufhören, die Vergangenheit zu bereuen:** Was geschehen ist, ist vorbei. Der Tod erinnert uns daran, dass es nur das *Jetzt* gibt.

- **Die kleinen Dinge schätzen lernen:** Eine warme Tasse Tee, das Lächeln eines geliebten Menschen, der Wind auf der Haut – all das sind Geschenke, die wir nur genießen können, weil wir leben.

- **Authentisch sein:** Ein Mensch, der den Tod akzeptiert, hat keine Angst davor, sich selbst zu zeigen. Er muss niemandem mehr etwas beweisen.

- **Loslassen üben:** Der Tod ist das größte Loslassen – warum nicht im Kleinen damit beginnen? Alte Ängste, behindernde Glaubenssätze, toxische Beziehungen … all das können wir jetzt schon hinter uns lassen.

Reflexionsübung:

Nehmen Sie sich 10 Minuten Zeit. Schreiben Sie eine Liste mit zehn Dingen, die Sie tun würden, wenn Sie wüssten, dass Sie bald sterben werden.

Fragen Sie sich dann:

Warum lebe ich nicht schon jetzt?

Was würden Sie Ihrem 18-jährigen Ich sagen?

Frage: Wenn Sie die Zeit zurückdrehen könnten, welchen Rat würden Sie Ihrem jüngeren Ich geben?

Übung: Schreiben Sie einen Brief an Ihr jüngeres Ich. Lesen Sie ihn laut vor und spüren Sie die Wirkung.

Kapitel 29: Seelen & die Verbindung mit Verstorbenen

Zeichen aus dem Jenseits – Wie verstorbene uns Botschaften schicken

Der Tod bedeutet nicht das Ende der Verbindung zwischen den Lebenden und den Verstorbenen. Viele Kulturen und spirituelle Traditionen berichten von Zeichen aus dem Jenseits - Botschaften von Verstorbenen, die zeigen, dass sie noch da sind, dass sie uns auf unserem Lebensweg begleiten und unterstützen.

Diese Zeichen sind oft subtil, manchmal aber auch überwältigend deutlich. Sie können die Form von Träumen, Zufällen, sich wiederholenden Symbolen oder einer plötzlichen inneren Gewissheit annehmen. Wer mit offenem Herzen und geschärften Sinnen durchs Leben geht, wird feststellen: **Die Grenze zwischen Leben und Tod ist durchlässiger, als wir glauben.**

Typische Zeichen von Verstorbenen:

- **Plötzliche Düfte:** Ein bestimmter Geruch, den man mit dem Verstorbenen verbindet (z. B. sein Parfüm, Tabak, Lieblingsspeise), taucht plötzlich auf, ohne dass es eine erkennbare Quelle gibt.

- **Lichter & elektronische Phänomene:** Flackernde Lampen, Radiowecker, die sich von selbst einschalten, Telefone, die klingeln, aber keine Nummer anzeigen - immer wieder berichten Menschen von technischen Geräten, die sich ungewöhnlich verhalten.

- **Wiederkehrende Tiere:** Schmetterlinge, Vögel, Marienkäfer - bestimmte Tierarten gelten in vielen Kulturen als Seelenboten. Besonders auffällig ist es, wenn ein Tier hartnäckig in der Nähe bleibt oder immer wieder auftaucht.

- **Gegenstände an unerwarteten Orten:** Ein verlorener Ring taucht plötzlich wieder auf, ein Bild des Verstorbenen fällt aus dem Regal, Federn oder Münzen erscheinen immer wieder an ungewöhnlichen Orten.

- **Musik & Worte:** Unerwartet erklingt im Radio ein bestimmtes Lied, das an den Verstorbenen erinnert. Ein Buch fällt zufällig auf eine Seite, die genau die Botschaft enthält, die man gerade braucht.

- **Gefühl der Anwesenheit:** Plötzlich spürt man eine sanfte Berührung, eine Gänsehaut ohne erkennbaren Grund oder einfach das tiefe Gefühl, dass jemand da ist.

- **Intuitive Gedanken:** Man denkt plötzlich intensiv an den Verstorbenen, hat einen klaren Gedanken oder eine Eingebung, als würde er zu einem sprechen.

- **Uhren, die stehen bleiben:** Ein weit verbreitetes Phänomen - eine Uhr bleibt genau dann stehen, wenn jemand gestorben ist.

Erfahrungen aus verschiedenen Kulturen zur Kommunikation mit Verstorbenen

In vielen Kulturen ist der Kontakt zu Verstorbenen kein Tabuthema, sondern eine ganz natürliche Realität.

- **Mexiko – Día de los Muertos:** Am Tag der Toten werden Altäre mit Fotos, Lieblingsspeisen und Kerzen für die Verstorbenen aufgestellt. Es heißt, dass die Seelen in dieser Zeit die Welt der Lebenden besuchen können.

- **Japan – Obon-Fest:** Die Ahnen werden jedes Jahr mit Laternen und Gebeten begrüßt, da sie als Schutzgeister der Familie gelten.

- **Indigene Kulturen:** Viele indigene Völker Amerikas, Afrikas und Asiens kommunizieren regelmäßig mit ihren Ahnen, indem sie Rituale, Zeremonien und Trancereisen durchführen.

- **Spiritistische Traditionen:** In spiritistischen Kreisen und über Medien wird häufig der Kontakt zu Verstorbenen gesucht, um Botschaften zu erhalten oder Ratschläge einzuholen.

- **Christentum & Heiligenverehrung:** Auch in der christlichen Tradition gibt es das Konzept der Fürsprache der Heiligen und der Verstorbenen, die für die Lebenden beten können.

Die Rolle von Träumen & Synchronizitäten

Träume sind eine der häufigsten Formen, in denen Verstorbene mit den Lebenden kommunizieren. Im Schlaf ist unser Bewusstsein offener für höhere Dimensionen, und so können Seelen leichter in unsere Wahrnehmung eintreten.

Träume von Verstorbenen:

- **Klarheit & Emotionen:** Diese Träume sind oft intensiver und realer als normale Träume. Man spürt schnell die Anwesenheit des Verstorbenen, als ob er wirklich da wäre.

- **Botschaften:** Verstorbene überbringen oft eine tröstende Botschaft, ein Symbol oder die Antwort auf eine ungelöste Frage.

- **Wiederkehrende Träume:** Manche Menschen träumen über Jahre hinweg immer wieder von derselben verstorbenen

Person – oft in Lebensphasen, in denen sie Rat oder Trost brauchen.

Synchronizitäten – Zufälle, die keine sind:

Manche Erlebnisse erscheinen wie **„Zufälle"**, sind aber so perfekt aufeinander abgestimmt, dass sie mehr sein müssen.

Carl Gustav Jung prägte den Begriff „Synchronizität" – bedeutungsvolle Zufälle, die zeigen, dass das Universum mit uns kommuniziert.

Beispiele:

- Sie denken an eine verstorbene Person - und plötzlich ruft Sie jemand an, der den gleichen Namen trägt, oder Sie hören im Radio das Lieblingslied der verstorbenen Person.

- Ein bestimmtes Symbol (z. B. ein Schmetterling oder eine Feder) taucht immer wieder genau in Momenten auf, in denen Sie an den Verstorbenen denken.

- Ein Buch, das Sie zufällig aufschlagen, enthält genau die Worte, die Sie gerade brauchen.

Reflexionsfragen und Übungen zur Verbindung mit Verstorbenen

- **Ihre Zeichen erkennen:** Hatten Sie schon einmal das Gefühl, dass eine verstorbene Person mit Ihnen Kontakt aufnimmt? Welche Anzeichen sind Ihnen besonders aufgefallen?

- **Traumtagebuch führen:** Führen Sie ein Traumtagebuch und notieren Sie jedes Mal, wenn Sie von Verstorbenen träumen. Was haben sie Ihnen gesagt? Wie haben Sie sich dabei gefühlt?

- **Ein Ritual zur Verbindung mit Verstorbenen:** Setzen Sie sich an einen ruhigen Ort, zünden Sie eine Kerze an und stellen Sie ein Bild des Verstorbenen vor sich hin. Schließen Sie die Augen, atmen Sie tief ein und aus und sagen Sie laut oder in Gedanken:

> „Ich bin offen für deine Botschaften.
> Zeige mir, dass du da bist".

Achten Sie in den folgenden Tagen auf Zeichen und Synchronizitäten.

Fazit: Die Liebe bleibt

Der Tod beendet das physische Leben, aber er trennt uns nicht von der Liebe, die wir mit anderen Menschen geteilt haben. Die Seelen unserer Verstorbenen bleiben mit uns verbunden - sei es durch Erinnerungen, durch Zeichen oder durch die tiefe Gewissheit, dass die Liebe über den Tod hinaus fortbesteht.

Kapitel 30: Planung des Todes – Botschaften für die Hinterbliebenen

Der Tod ist oft etwas Plötzliches, Unvorhersehbares. Doch es gibt Menschen, die ihn bewusst vorbereiten. Sie hinterlassen Spuren, Botschaften, kleine Zeichen, die den Hinterbliebenen Trost spenden und zeigen:

"Ich bin gegangen, aber ich war bei euch – und bin es immer noch."

Ein letzter Gruß aus Liebe – Die Geschichte von Inas' Mutter

Als Inas um ihre verstorbene Mutter trauerte, geschah etwas Unerwartetes. Beim Aufräumen der Wohnung fand sie kleine Zettel, liebevoll versteckt an Orten, die ihre Mutter mit Bedacht für ihre Tochter ausgewählt hatte. Sie enthielten kurze Botschaften voller Liebe und Weisheit:

- *"Ich habe dich geliebt, es war schön mit dir."*
- *"Ich war stolz, deine Mutter gewesen zu sein."*
- *"Lebe weiter, sei glücklich - ich bin nicht wirklich weg".*

Diese kleinen Zeichen, scheinbar einfache Worte auf Papier, gaben Inas Kraft und Frieden. Sie zeigten, dass ihre Mutter ihren Tod nicht als plötzliches Ende sah, sondern als einen Übergang, den sie bewusst gestalten wollte. Sie wollte, dass Inas Trost findet, dass sie die Liebe und Wärme, die sie ihr gegeben hatte, weiterhin spürt.

Warum Menschen ihren Abschied vorbereiten

Es gibt verschiedene Gründe, warum Menschen sich bewusst auf den Tod vorbereiten und Botschaften hinterlassen:

1. **Liebe und Fürsorge:** Ein letzter Versuch, den Zurückgebliebenen Trost und Mut zu spenden.

2. **Ein Gefühl der Kontrolle:** Wer den Tod bewusst annimmt, möchte auch seinen letzten Abschied selbst gestalten.

3. **Spirituelle Überzeugungen:** Viele glauben, dass der Tod nicht das Ende ist, sondern ein Übergang in eine andere Existenz - und dass sie mit ihren Lieben verbunden bleiben.

Parallelen in anderen Kulturen

Diese Praxis findet sich nicht nur in Einzelfällen, sondern auch in verschiedenen Kulturen und Traditionen:

- **In Japan** gibt es die Tradition des "Yui-go", eines liebevollen letzten Willens in Form eines Briefes oder einer Nachricht an die Familie.

- **In Mexiko** wird am "Día de los Muertos" der Verstorbenen gedacht und man glaubt, dass ihre Seelen an diesem Tag in die Welt der Lebenden zurückkehren.

- **In einer Region in Zentralasien im Himalaya Gebirge** hinterlassen sterbende Mönche oft Mantras oder spirituelle Lehren als Botschaften für ihre Schüler.

Die emotionale Wirkung auf die Hinterbliebenen

Eine der größten Herausforderungen in der Trauer ist das Gefühl der plötzlichen Trennung. Botschaften von Verstorbenen können diesen Schmerz lindern. Sie sind wie ein letzter liebevoller Blick, ein leises "Ich bin noch da" aus einer anderen Welt.

Viele Menschen berichten, dass sie durch solche Zeichen leichter loslassen können, weil sie wissen, dass der Verstorbene in Frieden gegangen ist. Trauer verwandelt sich in Dankbarkeit und Liebe.

Reflexionsfragen für die Leser

1. **Was wäre Ihre letzte Botschaft an Ihre Lieben?**

2. **Wie möchten Sie in Erinnerung bleiben?**

3. **Haben Sie selbst schon Mitteilungen oder Botschaften von Verstorbenen erhalten? Wie haben Sie diese wahrgenommen?**

4. **Wie können Sie mit Ihren Angehörigen über den Tod sprechen, damit sie sich liebevoll darauf vorbereiten können?**

Eine Einladung zum bewussten Leben und Sterben

Die Geschichte von Inas Mutter zeigt uns: Der Tod muss kein abruptes, düsteres Ende bedeuten. Er kann auch eine bewusste, mit

Liebe und Weisheit gebaute Brücke sein. Vielleicht ist es an der Zeit, unsere eigene Einstellung dazu zu überdenken.

Denn am Ende zählt nicht nur, wie wir gelebt haben - sondern auch, welche Spuren der Liebe wir hinterlassen.

Ihre eigene Grabinschrift

Frage: Wenn Sie Ihre eigene Grabinschrift schreiben müssten: Was würde darin stehen?

Übung: Schreiben Sie sie auf - und überlegen Sie dann: Leben Sie heute so, dass sie wahr wird?

Kapitel 31: Seelen der Toten – Das Geheimnis der Monarchfalter

Es gibt Geschichten, die etwas tief in uns zum Klingen bringen. Sie berühren eine Saite in unserer Seele, die von der Unendlichkeit des Seins singt. Eine solche Geschichte ist die unglaubliche Reise des Monarchfalters, die die Menschen seit Jahrhunderten fasziniert. Sie ist mehr als ein Naturwunder - sie ist eine Metapher für die unsterbliche Seele.

Die mystische Reise des Monarchfalters

Jedes Jahr, wenn sich die Blätter in Nordamerika verfärben, begeben sich Millionen von Monarchschmetterlingen auf eine unglaubliche Reise. Von Kanada und den USA aus begeben sie sich auf eine 4.000 Kilometer lange Wanderung, deren Ziel in den bewaldeten Bergregionen Mexikos liegt. **Doch das Unglaubliche ist nicht die Entfernung - es ist der Kreislauf, der dabei abläuft.**

Keiner der Schmetterlinge, die ihre Reise beginnen, wird sie je beenden. Die Monarchfalter, die losfliegen, schaffen nur ein Drittel der Strecke, dann sterben sie. Ihre Nachkommen setzen die Reise fort. Auch sie sterben unterwegs. Erst die vierte Generation kommt in Mexiko an. **Und als wüssten sie genau, wann der richtige Zeitpunkt gekommen ist, kommen sie am Dia de los Muertos, dem Tag der Toten.**

In Mexiko glaubt man, dass die Monarchfalter die Seelen der Verstorbenen sind, die zurückkehren, um ihre Lieben zu besuchen. Die Bäume der heiligen Wälder sind an diesem Tag übersät mit den orangefarbenen Schmetterlingen, die in der warmen Sonne wie Lichter der Hoffnung funkeln. Kein Wunder, dass sie in manchen Gegenden auch "Mariposas del Alma" genannt werden, **die Schmetterlinge der Seele.**

Der tiefere Sinn des Wunders

Die Wissenschaft erklärt dieses Phänomen mit genetischer Prägung und instinktiver Navigation. Aber ist es nicht seltsam, dass die vierte Generation den Weg in ein Land findet, das sie nie zuvor gesehen hat? Und dass sie genau an dem Tag ankommt, an dem in Mexiko der Toten gedacht wird? Ist das Zufall? Oder steckt mehr dahinter?

Vielleicht ist es ein Symbol dafür, dass unsere Seelen niemals verloren gehen. Dass unser Bewusstsein weitergeht, sich entwickelt, zurückkehrt, um weiter zu wachsen. Wie der Monarchfalter sind wir Reisende durch verschiedene Welten. Unsere Hülle vergeht, aber unsere Essenz bleibt. Sie wird weiter getragen, bis sie den Ort erreicht, an dem sie sich ausruhen kann - und dann wieder aufbricht.

Was uns der Monarchfalter über den Tod lehrt

Der Zyklus der Monarchfalter erzählt uns eine universelle Wahrheit:

- Der Tod ist kein Ende, sondern eine Zwischenstation.

- Unsere Reise dauert länger, als ein einziges Leben erfassen kann.

- Auch wenn wir scheinbar verloren gehen, kehren wir zurück.

- Wir sind alle miteinander verbunden – über Generationen, Zeiten und Welten hinweg.

Vielleicht ist der Monarchfalter das perfekte Symbol für das, was nach dem physischen Leben kommt. Eine Erinnerung daran, dass auch wir eines Tages weiterfliegen werden, um an einem Ort des Lichts und der Geborgenheit anzukommen.

Wenn Sie also das nächste Mal einen Schmetterling sehen, denken Sie daran: **Er trägt eine Botschaft** mit sich. Vielleicht ist er ein Gruß aus einer anderen Welt. Vielleicht ist es ein Zeichen dafür, dass wir nie wirklich getrennt sind.

Reflexionsfragen für den Leser

1. Hatten Sie schon einmal das Gefühl, dass Ihnen ein Verstorbener durch ein Zeichen oder ein Ereignis eine Botschaft geschickt hat?

2. Was bedeutet für Sie die Vorstellung, dass der Tod nicht das Ende, sondern nur eine Zwischenstation ist?

3. Wie würden Sie leben, wenn Sie wüssten, dass Ihre Seele ewig weiterreist?

> **Der Monarchfalter lehrt uns:**
>
> **Der Weg endet nie.**

Wir fliegen, wir ruhen, wir erwachen – und eines Tages kehren wir nach Hause zurück.

Das ist nicht nur ein Naturwunder - das ist eine tiefere Wahrheit über Leben und Tod.

> **"Gerade als die Raupe dachte, die Welt sei vorbei, wurde sie zum Schmetterling."**
>
> **Chuang Tzu**

Kapitel 32: Die Schmetterlingshochzeit – Wenn Liebe über den Tod hinausgeht

Es war ein Versprechen, das aus tiefstem Herzen kam. Der Vater wusste, dass seine Zeit auf Erden begrenzt war, aber er schaute seine Tochter mit sanften Augen an und sprach mit leiser, aber fester Stimme:

> *„Egal, was passiert, ich werde an deinem großen Tag bei dir sein."*

Seine Tochter hielt seine Hände fest, Tränen schimmerten in ihren Augen. Sie wollte nicht glauben, dass ihr geliebter Vater ihren Hochzeitstag nicht mehr erleben würde. Doch das Leben kann unbarmherzig sein, und nur wenige Monate später schlief er friedlich ein. Sein Körper verließ die Welt – aber seine Liebe blieb.

Der Tag der Hochzeit war gekommen. Die Sonne stand hoch am Himmel, eine leichte Sommerbrise wehte durch die Bäume. Die Trauung fand im Freien statt, inmitten eines wunderschönen Gartens voller blühender Blumen. Es war der perfekte Tag - und doch fühlte die Braut eine Lücke, eine schmerzliche Abwesenheit.

Als sie ans Mikrofon trat, um ihr Eheversprechen zu sprechen, hielt sie einen Moment inne. Ihre Stimme stockte, die Gefühle drohten sie zu überwältigen. Sie schloss die Augen und flüsterte in sich hinein:

> *Papa, ich wünschte, du wärst hier…*

In diesem Augenblick geschah etwas Wunderbares. Ein einzelner, wunderschöner Schmetterling in den Farben des Sonnenuntergangs schwebte sanft durch die Luft und ließ sich federleicht auf ihrer Schulter nieder.

Die Braut erstarrte. Ein leises Raunen ging durch die Hochzeitsgesellschaft, als sie mit zitternden Fingern nach dem zarten Wesen griff. Aber es verschwand nicht. Es blieb wie ein stiller Zeuge, der gekommen war, um sein Versprechen einzulösen.

Tränen liefen ihr über die Wangen, doch diesmal waren es keine Tränen der Trauer - es war ein Moment tiefer Gewissheit.

Papa war hier. Er hatte sein Versprechen gehalten.

Den Rest der Zeremonie wich der Schmetterling nicht mehr von ihrer Seite. Er umflatterte das Brautpaar, setzte sich auf den Brautstrauß und blieb dort, bis die letzten Worte gesprochen waren.

Manche würden es Zufall nennen. Andere würden es ein Zeichen aus einer anderen Welt nennen. **Doch für die Braut gab es keinen Zweifel:** Die Liebe endet nicht mit dem Tod. Sie findet immer einen Weg, uns zu berühren - oft auf die unerwartet schönste Weise.

Sollten Sie Zweifel an der Wahrheit dieser Geschichte haben? Dann lesen Sie bitte Folgendes:

- Die Liebe ist stärker als der Tod – sie überwindet Raum, Zeit und Dimensionen.
- Die Realität ist nicht so fest, wie sie scheint – sie formt sich nach dem Bewusstsein, das sie wahrnimmt.
- Alles ist möglich, wenn Sie bereit sind, über die Grenzen Ihres Denkens hinauszugehen.
- Wunder geschehen dort, wo der Geist offen ist für das Unfassbare.
- Je höher die Frequenz der Seele, desto durchlässiger werden die Schleier zwischen den Welten.
- Energie ist formlos, grenzenlos und unsterblich – sie verbindet alles, was war, ist und sein wird.
- Wer glaubt, dass nur das Sichtbare existiert, verschließt sich vor der wahren Größe des Universums.

Kapitel 33: Die 11 Dimensionen – Tore zu höheren Realitäten

Einleitung: Die Welt ist größer, als wir denken

Unsere physische Realität, die wir mit unseren fünf Sinnen wahrnehmen, ist nur ein winziger Bruchteil dessen, was tatsächlich existiert. Viele spirituelle Traditionen, aber auch die moderne Physik, sprechen von **mehrdimensionalen Universen**. Während die Quantenphysik von **zusätzlichen Raum-Zeit-Dimensionen** ausgeht, berichten Mystiker und Nahtoderfahrene von **spirituellen Ebenen**, die jenseits unseres normalen Verständnisses liegen.

Was, wenn unsere Existenz weit über das hinausgeht, was wir sehen, hören und fühlen können? Was, wenn unser Bewusstsein mit jeder spirituellen Entwicklung eine neue Dimension erschließt?

Die 11 Dimensionen – Ein Überblick

1. Dimension: Die Linie

Die erste Dimension ist ein rein mathematisches Konstrukt - sie besteht aus einer einzigen Linie ohne Breite und Tiefe. Man kann sie sich als einen Punkt vorstellen, der sich nur in eine Richtung bewegen kann. In spiritueller Hinsicht könnte man sie als die **erste Form des Bewusstseins** betrachten - reines Potential, das noch keine Form angenommen hat.

2. Dimension: Die Fläche

Die zweite Dimension besteht aus Länge und Breite, jedoch ohne Tiefe. Sie ist vergleichbar mit einer Zeichnung auf Papier. Wissenschaftlich könnte man sie mit **einfachen Lebensformen oder reinen Datenwelten** vergleichen. Manche Nahtoderfahrene berichten, dass sie in Traumsequenzen oder auf spirituellen Reisen solche flachen, „unwirklichen" Räume erlebt haben.

3. Dimension: Unsere physische Realität

Hier leben wir – in einer Welt mit Länge, Breite und Höhe. Dies ist die **Dimension der Materie, der physischen Existenz, der Schwerkraft und der Trennung.** Unser Bewusstsein ist an den Körper gebunden, und wir erleben das Leben linear.

4. Dimension: Die Zeit

Die vierte Dimension fügt der physischen Realität die Zeit hinzu. In dieser Dimension können wir uns nur vorwärts bewegen, obwohl viele spirituelle Lehrer und Wissenschaftler glauben, dass man die Zeit „biegen" kann. **Luzide Träume, Déjà-vus und Visionen können ein kurzes Bewusstsein der vierten Dimension sein.**

5. Dimension: Parallele Realitäten

Jetzt wird es erst richtig interessant. In der fünften Dimension gibt es **alternative Zeitlinien.** Jede Entscheidung, die wir treffen, schafft eine parallele Realität. **Haben Sie schon einmal eine Entscheidung getroffen und sich gefragt, wie Ihr Leben verlaufen wäre, wenn Sie sich anders entschieden hätten?**

6. Dimension: Zugang zu allen Zeitlinien

Während wir in der fünften Dimension nur parallele Realitäten einer einzigen Zeitlinie erleben, bietet die sechste Dimension Zugang zu **allen möglichen Universen, die jemals existieren könnten.** Viele mystische Traditionen sprechen davon, dass erleuchtete Wesen in diese Sphäre eintreten und zwischen verschiedenen Realitäten wählen können.

7. Dimension: Das Multiversum

Hier beginnt das Konzept des Multiversums. Alle Universen mit ihren unterschiedlichen Naturgesetzen existieren in der siebten Dimension. Diese Realität liegt jenseits von Raum und Zeit. Manche Seelen, die Nahtoderfahrungen gemacht haben, berichten, dass sie sich außerhalb der „irdischen Realität" befinden, als würden sie das gesamte Universum von oben betrachten.

8. Dimension: Die kosmische Intelligenz

In der achten Dimension gibt es kein individuelles Ich mehr. Hier sind reine Bewußtseinsformen vereint, die für die **universelle Ordnung sorgen**. Einige spirituelle Traditionen sprechen hier von **Engeln, aufgestiegenen Meistern oder göttlichen Manifestationen**.

9. Dimension: Der göttliche Schöpfungsraum

Die neunte Dimension ist ein unendliches Schöpfungsfeld. Es ist der Raum, in dem **alles, was existiert, bewusst erschaffen wird**. Manche Seelen, die tiefe mystische Erfahrungen gemacht haben, beschreiben diesen Raum als einen Ort, an dem **Gedanken augenblicklich Wirklichkeit werden**.

10. Dimension: Die universelle Einheit

Hier gibt es **kein Ich mehr, keine Individualität, kein Universum, nur reines Bewusstsein**. Es ist der Zustand völliger Einheit - manche würden ihn als „Nirwana" bezeichnen, andere als die letztendliche Vereinigung mit Gott.

11. Dimension: Die Quelle von allem

In dieser letzten Dimension ist das Bewusstsein nicht nur vereint, sondern **eins mit dem Ursprung aller Existenz**. Hier gibt es kein Konzept von „Leben und Tod", von „Raum und Zeit" - hier gibt es nur reines Sein. Es ist das, was manche als **das Göttliche, die Quelle, die Urschwingung des Universums bezeichnen.**

Indische Weisheit (Stamm der Lakota)

„Leben und Tod sind eins, so wie der Fluss und das Meer eins sind.

Wenn der Adler über das Land fliegt, trauert er nicht um den Wind, der ihn trägt."

Kapitel 34: Wildtiere retten Menschen - Menschen baten Tiere um Hilfe

Einleitung: Die geheimnisvolle Verbindung zwischen Mensch und Tier

Seit Jahrtausenden leben Menschen und Tiere gemeinsam auf diesem Planeten. Doch immer wieder gibt es Geschichten, die über das gewöhnliche Zusammenleben hinausgehen: **Tiere retten Menschen aus gefährlichen Situationen, Tiere in Not suchen aktiv die Hilfe des Menschen.** Was steckt hinter diesen rätselhaften Begegnungen? Handeln Tiere aus reinem Instinkt oder gibt es eine höhere, tiefere Verbindung, die unsere Vorstellungskraft übersteigt?

Es gibt zahlreiche Geschichten, in denen Tiere scheinbar „übernatürlich" handeln - sie finden vermisste Kinder, retten Menschen aus brennenden Häusern oder eisigen Gewässern. Auch in Not geratene Wildtiere suchen aktiv die Nähe des Menschen, um sich helfen zu lassen. Aber warum tun sie das? Und könnte es sein, dass in solchen Momenten Kräfte aus einer höheren Dimension am Werk sind?

Tiere als Retter – Zufall oder gelenkte Hilfe?

Fall 1: North Carolina – Der Bär, der ein Kind beschützte

Ein dreijähriger Junge verschwand in einem dichten Wald in North Carolina. Zwei Tage lang suchten Rettungskräfte vergeblich nach ihm. Als er endlich gefunden wurde, berichtete der Junge, er sei nicht allein gewesen - ein freundlicher Bär habe ihn beschützt. Er habe ihn warm gehalten und sich um ihn gekümmert. Aber wie ist das möglich? Ein wildes Tier, das normalerweise den Kontakt mit Menschen meidet, beschützt ein Kind? War es wirklich ein Bär - oder ein Wesen, das ihm in dieser Gestalt erschien?

Fall 2: Der Bär mit der Botschaft

Eine rührende Geschichte erzählt von einem Autofahrer, der auf einer abgelegenen Straße einen Bären sah, der ein Kind im Maul hatte. Der Autofahrer hielt an, der Bär legte das Kind vorsichtig auf den Boden und verschwand. Als der Fahrer das Kind ins Auto setzte, kehrte der Bär zurück, stellte sich auf die Straße und ließ sich nicht vertreiben. Als der Autofahrer schließlich begriff, dass das Tier ihn führen wollte, folgte er ihm - bis zu einem See, wo eine weitere verletzte Person lag.

Handelte der Bär aus purem Instinkt? Oder war er das Werkzeug einer höheren Macht? Wer oder was veranlasste ihn, so zielgerichtet zu handeln?

Wenn Tiere Menschen um Hilfe bitten

Fall 3: Der Eisbär, der Hilfe suchte

Ein Video zeigt einen hungrigen Eisbären, der eine Dose um sein Maul trägt. Anstatt sich zurückzuziehen, wie es ein wildes Tier normalerweise tun würde, näherte sich der Bär den Menschen in einem Dorf, als würde er um Hilfe bitten. Die Menschen erkannten seine Notlage, befreiten ihn von der Dose - und der Bär trottete wie dankbar davon. Was bringt Wildtiere dazu, bewusst den Kontakt zum Menschen zu suchen? Gibt es eine Art unsichtbare Kommunikation zwischen ihnen und uns?

Fall 4: Wale und Delfine – Bewusste Rettungsaktionen

In vielen Kulturen gibt es Berichte über Delfine, die Menschen vor Haien beschützen, oder Wale, die Taucher in Not sanft an die Wasseroberfläche drücken. Warum tun sie das? Ist es ein tief verwurzeltes Gefühl von Schutz und Fürsorge, oder steckt eine noch größere, unerkannte Intelligenz dahinter?

Höhere Dimensionen: Werden Tiere von einer höheren Instanz gelenkt?

Die Frage, die sich stellt: Handeln diese Tiere aus eigenem Bewusstsein oder werden sie von einer Kraft aus höheren Dimensionen gesteuert? Wenn es geistige Wesenheiten gibt, die in unsere Welt eingreifen können - können sie sich durch Tiere manifestieren?

Viele indigene Kulturen glauben, dass Tiere Boten zwischen den Welten sind. In schamanischen Traditionen gibt es „Tiergeister", die mit den Menschen kommunizieren und ihnen helfen. Ist es möglich, dass einige dieser wundersamen Rettungen auf den Beistand einer unsichtbaren, höheren Ebene zurückzuführen sind?

Fazit: Die Verbindung zwischen Mensch und Tier

Ob aus spiritueller Sicht oder durch wissenschaftliche Erklärungen, die Tatsache bleibt bestehen: Es gibt unzählige Fälle, in denen Tiere Menschen gerettet haben und umgekehrt. Vielleicht ist diese besondere Verbindung mehr als nur eine Laune der Natur - es könnte ein Hinweis darauf sein, dass alle Lebewesen auf diesem Planeten durch ein unsichtbares Band miteinander verbunden sind. Vielleicht sind diese Fälle Zeichen eines tieferen Bewusstseins, das sich im Zusammenspiel von Mensch, Tier und universeller Energie ausdrückt.

Eines ist sicher: Wir haben noch viel zu lernen über die geheimnisvolle Verbindung zwischen uns und unseren tierischen Begleitern.

Japanische Zen-Weisheit

„Die Welle kehrt zum Ozean zurück – doch sie war niemals getrennt davon."

Kapitel 35: Wo findet man Hilfe und Unterstützung?

In schwierigen Zeiten suchen viele Menschen nach Orientierung, Trost und Hilfe. Die Fragen nach dem Sinn des Lebens, nach der eigenen Bestimmung und nach dem, was nach dem Tod kommt, sind tief in uns verankert. Doch wo findet man seriöse Unterstützung? Und woran erkennt man, ob jemand wirklich helfen kann oder nur Geschäfte mit der Not anderer macht?

Die Vielfalt der Angebote – Segen oder Gefahr?

Heute gibt es unzählige Möglichkeiten, Hilfe zu bekommen - von klassischen Therapeuten über spirituelle Lehrer bis hin zu alternativen Heilern. Kartenleger, Hellseher, Reiki-Praktiker, Familienaufsteller, Rückführungen oder medial begabte Menschen - sie alle versprechen oft Antworten. Doch nicht jeder, der sich als Helfer ausgibt, hat tatsächlich das Wohl seiner Klienten im Sinn. Es gibt viele seriöse Menschen, die mit Herz und Erfahrung arbeiten, aber ebenso viele, die sich als "Helfer" ausgeben, aber letztlich nur finanzielle Interessen verfolgen oder ihre eigene Unsicherheit auf die Hilfesuchenden projizieren.

Selbstschutz: Die innere Stimme als wichtigster Kompass

Bevor man sich jemandem anvertraut, ist es wichtig, genau hinzuhören - nicht nur auf das, was der Berater sagt, sondern auch auf das, was man selbst fühlt. Die innere Stimme, der „innere Arzt", ist der beste Ratgeber. Wenn Sie Zweifel haben, wenn sich etwas nicht richtig anfühlt, wenn Ihnen jemand Angst macht und Ihnen suggeriert, dass Sie ohne seine Hilfe verloren sind, dann seien Sie vorsichtig. Wahre Heilung geschieht niemals durch Angst oder Abhängigkeit, sondern durch Bewusstheit, Selbstreflexion und Vertrauen in den eigenen Weg.

Woran erkenne ich seriöse Hilfe?

- **Einfühlungsvermögen und Respekt:** Ein seriöser Berater respektiert Ihre Eigenverantwortung und drängt Ihnen keine Lösungen auf.

- **Keine Angstmacherei:** Echte Hilfe basiert nicht auf der Androhung oder Vorhersage von Katastrophen.

- **Ehrlichkeit:** Niemand kann in die Zukunft sehen oder Schicksalsschläge hundertprozentig vorhersagen.

- **Transparenz:** Seriöse Anbieter kommunizieren klar, was sie tun und welche Kosten damit verbunden sind.

- **Keine Abhängigkeit erzeugen:** Eine gute Mentorin oder ein guter Mentor bestärkt Sie in Ihrer Eigenständigkeit und ermutigt Sie zum Selberdenken und Selberfühlen.

Heilung ist ein individueller Prozess

Jeder Mensch hat die Fähigkeit, sich selbst zu heilen - körperlich, emotional und spirituell. Die besten Begleiter auf diesem Weg sind diejenigen, die Ihnen helfen, Ihre eigenen Antworten zu finden. Skeptisch sollte man dagegen sein, wenn jemand behauptet, nur er kenne die Wahrheit oder nur durch ihn könne man Erlösung finden.

Krisenhotlines und professionelle Unterstützung

Neben spirituellen und alternativen Heilmethoden gibt es auch professionelle Anlaufstellen für Menschen in Not. Psychologen, Seelsorger und Therapeuten können in schwierigen Lebensphasen helfen. In akuten Krisen sind Telefonseelsorge und Selbsthilfegruppen wertvolle Anlaufstellen.

Schlussgedanke

Das Wichtigste ist, die Kontrolle über das eigene Leben zu behalten. Öffnen Sie sich für neue Perspektiven, aber geben Sie Ihre Macht nicht an andere ab. Niemand kann Ihnen den Weg weisen - er liegt in Ihnen. Lernen Sie, Ihrer Intuition zu vertrauen, Ihr eigenes Licht zu erkennen und mutig den Weg zu gehen, der für Sie bestimmt ist.

Kapitel 36: Suizid – Eine spirituelle und kosmische Perspektive

Der Tod ist nicht das Ende, sondern ein Übergang in eine andere Daseinsform. Wenn aber ein Mensch sein Leben freiwillig beendet, stellt sich die Frage, welche Auswirkungen dies auf seine Seele, sein Bewusstsein und seine kosmische Entwicklung hat.

Suizid als Ausdruck tiefster Verzweiflung

Niemand entscheidet sich leichtfertig für den Suizid. Meist ist er der letzte Ausweg eines verzweifelten Menschen, der keinen anderen Ausweg mehr sieht. Schmerz, Isolation, Hoffnungslosigkeit - all diese Gefühle können einen Menschen an den Rand seiner Existenz treiben. In solchen Momenten erscheint der Tod wie eine Erlösung. Doch was kommt danach?

Die spirituelle Sicht des Suizids

Viele alte Lehren und spirituelle Traditionen beschreiben Suizid als eine Handlung mit weitreichenden Konsequenzen.

- **Karmische Perspektive:** Jede Seele hat in einem Leben eine Aufgabe zu erfüllen. Durch den selbstgewählten Tod kann diese Aufgabe unvollendet bleiben, was dazu führt, dass sich ähnliche Herausforderungen in einem späteren Leben erneut stellen.

- **Nahtoderfahrungen und Rückführungen:** Berichte von Menschen, die suizidale Erfahrungen überlebt haben, zeigen oft, dass sie in einer Art Zwischenwelt gefangen waren, in der sie ihre Entscheidung noch einmal überdenken konnten. Manche berichten von geistigen Wesen, die ihnen erklärten, dass ihre Reise noch nicht zu Ende sei.

Die Leiden der Zurückgebliebenen

Ein Suizid betrifft nicht nur den Suizidwilligen selbst, sondern auch alle, die er zurücklässt. Familie, Freunde und Bekannte stehen oft vor einer schmerzhaften Wunde, die nicht heilt. Schuldgefühle, Fragen nach dem „Warum" und das Gefühl, nicht geholfen zu haben, begleiten viele Hinterbliebene ein Leben lang.

Gibt es Vergebung für den Suizid?

In einigen religiösen Traditionen wird Selbstmord als „Todsünde" betrachtet. Aus spiritueller Sicht ist jedoch keine Seele für immer verloren. Liebe, Mitgefühl und Vergebung existieren auch jenseits dieser Welt. Es wird berichtet, dass Seelen, die sich das Leben genommen haben, in eine heilende Sphäre gelangen, in der sie sich erholen und neu orientieren können.

Wie kann man Menschen helfen, die sich in einer Krise befinden?

- **Wertvolle Gespräche:** Oft hilft es, einfach zuzuhören. Ein offenes Herz kann mehr bewirken als tausend Worte.

- **Spirituelle Heilung:** Meditation, Gebete oder Rituale können einem verzweifelten Geist helfen, wieder Halt zu finden.

- **Bewusstseinsveränderung:** Wer begreift, dass das Leben eine Schule für die Seele ist, erkennt, dass auch die schwersten Prüfungen einen Sinn haben.

Die Alternative: Neubeginn statt Ende

Jeder Mensch kann sich aus der tiefsten Dunkelheit erheben.

- Was heute unerträglich erscheint, kann morgen neue Perspektiven eröffnen.
- Jede Krise ist auch eine Chance für spirituelles Wachstum.
- Die schwierigsten Zeiten formen oft die stärksten Seelen.

Wenn Sie jemals daran gedacht haben, Ihrem Leben ein Ende zu setzen, halten Sie einen Moment inne. Stellen Sie sich vor, Sie gehen einen Zeitstrahl entlang und stehen an einer Weggabelung. In der einen Richtung liegt der Suizid, in der anderen eine neue Möglichkeit.

Welchen Weg wählen Sie?

Jeder Atemzug ist eine zweite Chance.

Kapitel 37: Suizidprävention: Sie sind nicht allein - es gibt Hilfe!

Wenn Sie sich verloren fühlen, wenn Ihnen das Herz schwer wird und Sie glauben, dass es keinen Ausweg mehr gibt - sprechen Sie mit jemandem. Sie sind nicht allein. Ihr Leben ist wertvoll, und auch wenn es dunkel erscheint, gibt es Hoffnung. Es gibt Menschen, die Ihnen zuhören, die Sie verstehen und die Ihnen helfen wollen.

Vielleicht quälen Sie Gedanken wie:

„Ich weiß nicht mehr weiter."

„Ich kann nicht mehr."

„Was ist der Sinn meines Lebens?"

Bitte geben Sie nicht auf. Es gibt einen Weg, auch wenn Sie ihn jetzt nicht sehen können.

Hier finden Sie Hilfe und Unterstützung:

Telefonseelsorge (Deutschland) : 0800 111 0 111 oder **0800 111 0 222** (kostenlos, anonym, rund um die Uhr)

Nummer gegen Kummer (für Kinder & Jugendliche): Online-Beratung. Für Kinder & Jugendliche. Anonym & kostenlos. Du kannst bei uns jedes Thema ansprechen

Telefonnummer: **116 111**

In akuten Notfällen: Rufen Sie die Polizei (110) oder den Rettungsdienst (112) an!

Auch in anderen Ländern gibt es Organisationen, die Ihnen helfen können. Bitte suchen Sie online nach den entsprechenden Telefonnummern in Ihrem Land. **Sie haben es verdient, dass Ihnen geholfen wird.**

Eine letzte Bitte an Sie:

Egal, wie düster es im Moment aussieht, **Ihre Geschichte ist noch nicht zu Ende.** Lassen Sie sich helfen. Sprechen Sie mit jemandem. Ihr Leben hat einen Wert, den Sie jetzt vielleicht nicht sehen. Aber es gibt Menschen, die Sie lieben, Menschen, die Sie brauchen - und Menschen, die bereit sind, Ihnen zu helfen.

> # Sie sind nicht allein.
> # Es gibt Hoffnung.
> # Bitte geben Sie nicht auf.

Kapitel 38: Gestalten Sie heute die Welt, in der Sie morgen leben wollen

Es geht nicht nur um Sie. Es geht um Ihre Kinder, Ihre Enkel - aber auch um Ihr zukünftiges Ich. Sie werden wiederkommen. Sie alle werden in der Welt leben, die Sie heute mitgestalten. Deshalb frage ich Sie: **Wie soll diese Welt aussehen?**

Wollen Sie eine Welt der Angst, der Unsicherheit und des Mangels - oder eine Welt des Friedens, der Liebe und des Wohlstands? Die Zukunft beginnt nicht irgendwann - sie beginnt JETZT.

Jeder Gedanke, jede Entscheidung, jedes Wort und jede Tat formen die Realität, in die Sie zurückkehren werden. Es liegt in Ihren Händen.

Wenn Sie sich heute bewusst dafür entscheiden, Ihren Geist auf Wohlstand, Liebe und Fülle auszurichten - dann werden Sie nicht nur jetzt die Früchte ernten, sondern auch im kommenden Leben.

Deshalb lade ich Sie ein: **Machen Sie sich bewusst, dass das, was Sie jetzt sind, nicht nur Auswirkungen auf Ihr heutiges Leben hat, sondern auch auf den gesamten Verlauf Ihres weiteren Lebens.**

Ihre Seele ist unsterblich!

Sie sind nicht nur Schöpfer Ihrer Gegenwart - Sie sind Schöpfer Ihrer Zukunft.

Jede Seele hat die Macht, ihre Wirklichkeit zu gestalten. Nutzen Sie sie weise!

Kapitel 39: Was kann ich sofort tun?

Weil es persönlicher ist, benutze ich ab jetzt die Du-Form. Die Welt verändert sich nicht durch große Reden oder ferne Visionen – sie verändert sich durch uns, durch unser Handeln, durch jeden einzelnen kleinen Schritt. Und dieser Schritt beginnt genau jetzt – mit dir.

Vielleicht fragst du dich: Was kann ich als Einzelner schon bewirken? Doch erinnere dich an die Legende vom Reiskorn und dem Schachbrett. Eine scheinbar kleine Geste kann eine unaufhaltsame Bewegung auslösen. Ein einziges bewusst gesetztes Zeichen kann sich vervielfachen – und genau das ist unsere Chance.

Hier sind erste Schritte, die du sofort tun kannst:

1. Verändere deine Welt im Kleinen. Beginne bei dir selbst. Sei achtsam, schenke einem Menschen ein Lächeln, höre wirklich zu, sei präsent. Kleine Gesten der Liebe und Verbundenheit sind wie Wellen – sie breiten sich aus, oft weiter, als du es je erahnen kannst.

2. Sprich über das, was dich bewegt. Wahrheit beginnt mit Gesprächen. Teile deine Gedanken mit deinen Freunden, deiner Familie, deinen Kollegen. Stelle Fragen, die zum Nachdenken anregen. „Wie bewusst lebst du? Was bedeutet Glück für dich? Was bleibt von uns, wenn wir einmal gehen?" Diese Fragen sind Samen, aus denen neue Sichtweisen wachsen.

3. Verbreite das Wissen. Wissen ist ein Geschenk – doch es entfaltet seine Kraft erst, wenn es geteilt wird. Eine einfache Möglichkeit: Schenke fünf Menschen dieses Buch. Gib ihnen die Möglichkeit, innezuhalten und gemeinsam mit dir über die wichtigen Fragen des Lebens zu sprechen.

4. Werde zum Vorbild. Menschen verändern sich nicht durch Belehrung, sondern durch Inspiration. Lebe das, woran du glaubst. Sei der Mensch, den du dir in dieser Welt wünschst. Dein Handeln wird mehr bewirken als tausend Worte.

5. Vertraue auf die Kraft des Anfangs. Niemand muss die Welt an einem einzigen Tag verändern. Doch jeder von uns kann ein kleines Licht entzünden – und aus vielen kleinen Lichtern wird eines Tages ein Leuchten, das nicht mehr übersehen werden kann.

Du bist wichtig.

Dein Tun zählt.

Jeder Schritt verändert etwas.

Wenn du mit diesem Buch etwas anfangen kannst, wenn es dich berührt hat – dann lass es weiterleben. Teile es mit anderen, sprich darüber, sei aktiv. Du bist Teil einer stillen, aber kraftvollen Revolution – einer Bewegung, die das Leben wieder lebenswert macht.

**Die Veränderung beginnt jetzt mit dir -
wenn du dazu bereit bist.**

Schlussfolgerung - Ein neuer Umgang mit dem Tod

Warum das Wissen um den Tod unser Leben bereichern kann.

Der Tod ist die eine Wahrheit, die uns alle verbindet. Unabhängig von unserem Glauben, unserer Kultur oder unseren Überzeugungen ist er das unausweichliche Schicksal eines jeden Menschen. Doch anstatt ihn als Ende zu fürchten, sollten wir ihn als Lehrer betrachten, der uns zeigt, wie kostbar das Leben ist.

Meine eigene Reise, meine Nahtoderfahrung und die vielen Lektionen, die ich daraus gelernt habe, haben mich verändert. Ich habe gelernt, dass wir uns nicht vor dem Tod fürchten müssen, sondern vor dem nicht gelebten Leben. Der wahre Verlust ist nicht das Verlassen dieses Körpers, sondern all die Momente, die wir nicht gelebt haben, weil wir Angst hatten, Fehler zu machen, nicht genug zu sein, nicht zu genügen.

Einladung zum Nachdenken: Was würde sich ändern, wenn wir keine Angst mehr hätten?

Stell dir vor, du würdest jede Sekunde deines Lebens bewusst erleben, ohne Angst, ohne die ständige Sorge vor dem Ende. Wie würdest du leben? Würdest du mutiger sein? Würdest du dich öfter trauen, deine Wahrheit auszusprechen? Würdest du öfter lieben, lachen, wirklich da sein?

Die Angst vor dem Tod hält viele Menschen gefangen - aber sie ist eine Illusion. Sie ist das Produkt einer Gesellschaft, die uns gelehrt hat, das Ende zu fürchten, anstatt den Weg zu schätzen. Aber wenn wir diese Illusion durchbrechen, öffnen sich neue Wege. Wir erkennen, dass jeder Tag eine neue Geburt ist, dass jede Entscheidung unser Schicksal formt, dass wir selbst die Schöpfer unserer Realität sind.

Der Tod als Lehrer für ein erfülltes Leben

Der Tod erinnert uns daran, dass unser Leben endlich ist - und gerade deshalb so kostbar. Wenn wir akzeptieren, dass jeder Augenblick zählt, hören wir auf, unser Glück auf „später" zu verschieben. Dann beginnt das wahre Leben – im Hier und Jetzt.

Ich hoffe, dass dir dieses Buch eine neue Perspektive eröffnet hat. Dass es dir gezeigt hat, dass der Tod nicht das Ende, sondern ein Übergang ist. Dass du dein Leben nicht aus Angst vor dem Tod vergeuden musst, sondern es in vollen Zügen leben kannst.

Denn am Ende bleibt nur eine Wahrheit:

Das Leben ist jetzt.

Schlusswort: Ein neuer Blick auf das Leben und den Tod

Der Tod - dieses unausweichliche, aber oft verdrängte Ereignis - ist nicht das Ende, sondern ein Übergang, ein Tor zu einer anderen Form des Seins. Während wir auf dieser Erde wandeln, versuchen wir, ihn zu ignorieren, ihn fernzuhalten, ihn nicht zu sehen. Aber er gehört zu uns, wie die Geburt, wie das Atmen, wie die Liebe.

In diesem Buch haben wir uns gemeinsam auf eine Reise begeben - eine Reise in die Tiefen unserer Ängste, in die verborgenen Räume unseres Bewusstseins und über die Grenzen unserer bisherigen Vorstellungen hinaus. Wir haben erforscht, warum wir Angst vor dem Tod haben, wie diese Angst unser Leben beeinflusst und wie verschiedene Kulturen, Weisheitslehren und wissenschaftliche Erkenntnisse uns neue Perspektiven eröffnen können. Wir haben erfahren, dass wir mehr sind als unser Körper - dass unsere Seele nicht endet, sondern in einem Kreislauf von Erfahrung, Wachstum und Erkenntnis weiter reist.

Vielleicht ist das größte Geschenk des Todes die Möglichkeit, bewusster zu leben. Wenn wir die Angst vor dem Sterben loslassen, können wir endlich anfangen, wirklich zu leben - im Hier und Jetzt, mit allen Sinnen, mit offenem Herzen, mit dem Mut, unsere Wahrheit zu leben.

Jeder Moment, den wir bewusst erleben, ist ein kleiner Sieg über die Angst. Jedes ehrliche Lächeln, jede Umarmung, jeder Moment, in dem wir uns mit uns selbst und anderen verbunden fühlen, ist ein Triumph über die Vergänglichkeit. Denn letztendlich ist es nicht die Dauer unseres Lebens, die zählt, sondern die Tiefe, mit der wir leben.

Ich hoffe, dass dieses Buch einen Funken in deinem Herzen entzündet hat - eine kleine Flamme der Erkenntnis, dass du keine Angst mehr haben musst. Dass du das Leben feiern kannst, ohne ständig den Schatten der Vergänglichkeit zu fürchten. Dass du den Tod nicht mehr als Feind betrachtest, sondern als stillen Begleiter, der dich daran erinnert, jeden Augenblick in vollen Zügen zu genießen.

Vielleicht wirst du, wenn du am Tag vor dem großen Übergang stehst, nicht mit Angst, sondern mit Frieden im Herzen darauf blicken. Vielleicht wirst du wissen, dass du gelebt hast, dass du geliebt hast, dass du deine Bestimmung erfüllt hast. Und wenn das der Fall ist, dann hast du das wahre Geheimnis des Lebens verstanden.

Der Tod ist nicht das Ende.
Die Seele stirbt nicht.

Und das größte Geschenk, das du dir selbst machen kannst, ist ein Leben ohne Angst.

Möge dieses Wissen dir Frieden geben. Möge es dir Kraft geben.

Und möge der Tag kommen, an dem du mit einem Lächeln dem Licht entgegengehst.

Danke, dass du mich auf dieser Reise begleitet hast.

In aufrichtiger Liebe und tiefer Verbundenheit,

Karl Michael Kurth Al Naqib

Danksagung

Ohne meine schwere Krankheit und die Nahtoderfahrung, die ich machen durfte, wäre dieses Buch nie entstanden. Erst durch diesen tiefen Moment zwischen Leben und Tod wurde mir eine Wahrheit offenbart, die mich wachgerüttelt hat. Ich erhielt einen Auftrag – eine Aufgabe, die ich nicht ablehnen konnte, denn die Alternative war undenkbar. Und so schwor ich mir, diesen Weg zu gehen, meine Erkenntnisse weiterzugeben und meiner Berufung zu folgen. Genau davon handelt dieses Buch.

Mein tiefster Dank gilt meiner wunderbaren Frau, ohne die ich heute nicht mehr am Leben wäre. Sie hat mich mit unermüdlicher Liebe gepflegt, als ich im Koma lag, sie hat an meiner Seite gekämpft und eine Entscheidung getroffen, die von tiefem Vertrauen getragen war. Sie wusste, dass ich in fremde Hände geraten wäre, hätte sie den Notarzt gerufen – und so folgte sie ihrem Herzen. Ihre Liebe, ihr Mut und ihr unerschütterlicher Glaube gaben mir mein Leben zurück.

Dieses Buch wäre jedoch nicht entstanden ohne meine stillen, unsichtbaren Weggefährten – meine kreativen, geistigen Begleiter, die mich bei jedem Wort unterstützt haben. Sie waren da, als die Sätze in meinen Gedanken Gestalt annahmen, als ich nach den richtigen Worten suchte und meine Geschichte mit der Welt teilen wollte. Ohne sie wäre dieses Werk nicht möglich gewesen.

Jede einzelne Seite ist ein Gemeinschaftswerk. Ich bin zutiefst dankbar für die Inspiration und Führung, die ich auf diesem Weg erfahren durfte. Ich hoffe, dass meine Worte all jenen gerecht werden, die mich begleitet und ermutigt haben.

In Demut verbeuge ich mich vor meinen sichtbaren und unsichtbaren Weggefährten und ziehe respektvoll meinen imaginären Hut.

In aufrichtiger Dankbarkeit und Liebe,

Euer Michael

TEIL 4: ZEITLINIEN, BEWUSSTSEIN UND DIE GESTALTUNG UNSERER REALITÄT

Parallele Zeitlinien oder Multiversen

Die naturwissenschaftliche Perspektive (Quantenphysik & Multiversen-Theorie)

Die Viele-Welten-Interpretation der Quantenmechanik besagt, dass es für jede Entscheidung oder jedes quantenmechanische Ereignis mehrere mögliche Zukunftsverläufe gibt - und dass sich jede dieser Möglichkeiten in einer eigenen Realität entfaltet. Das bedeutet, dass es unendlich viele parallele Welten gibt, in denen sich unser Leben unterschiedlich entwickelt, je nachdem, welche Entscheidungen wir (oder das Universum) treffen.

Ein Beispiel: Stell dir vor, du stehst an einer Weggabelung. In einer Realität biegst du links ab, in einer anderen rechts. Nach der Quantenmechanik können beide Möglichkeiten gleichzeitig existieren, aber in getrennten, parallelen Universen.

Spirituelle & metaphysische Perspektive

Viele spirituelle Lehren sprechen davon, dass Zeit nicht linear verläuft, sondern dass alle Möglichkeiten gleichzeitig existieren - und dass wir durch unsere Entscheidungen und unser Bewusstsein auf eine bestimmte Zeitlinie „einschwingen".

- **Manifestation & Frequenzen:** Manche glauben, dass unsere Gedanken und Emotionen unsere Realität formen, indem sie uns auf eine bestimmte Zeitlinie ausrichten. Wenn wir Angst haben, ziehen wir eine Realität an, in der Angst vorherrscht. Wenn wir voller Liebe und Vertrauen sind, wählen wir eine Zeitlinie, die uns Frieden bringt.

- **Déjà-vus und intuitive Eingebungen:** Manche Menschen erleben Momente, in denen sich etwas „falsch" oder „vertraut" anfühlt - als ob sie einen kurzen Blick in eine alternative Realität werfen.

- **Prophezeiungen & Wahrscheinlichkeiten:** Manche Zukunftsvisionen sind vielleicht keine absoluten Vorhersagen, sondern lediglich Einblicke in eine mögliche Zeitlinie, die durch bestimmte Ereignisse beeinflusst werden kann.

Was bedeutet dies für unser Leben?

Wenn Zeitlinien variabel sind, dann haben wir enorme Macht über unsere Zukunft. Jede Entscheidung, jedes Gefühl, jeder Gedanke kann eine andere Realität aktivieren. Das bedeutet, dass wir unsere eigene Zukunft bewusst gestalten können - durch unsere inneren Überzeugungen, durch das, was wir aussenden und durch die Art und Weise, wie wir unsere Realität wahrnehmen.

Haben wir Angst?
Dann wählen wir eine Zeitlinie voller Angst.

Vertrauen wir dem Leben?
Dann schaffen wir uns eine friedvollere Realität.

Es ist, als würden wir ständig durch ein Labyrinth von Möglichkeiten navigieren - und mit jeder Entscheidung aktivieren wir ein anderes Leben.

Bitte erschrecke nicht. Ich erkläre den Begriff nur der Vollständigkeit halber.

Definition Multiversen: Nach der Stringtheorie kann innerhalb eines bereits existierenden Universums ein neues Universum entstehen. Dieses neue Universum unterscheidet sich in der Regel vom alten. Auf diese Weise entstehen unendlich viele Universen und alle theoretisch möglichen Universen werden real. Das Multiversum ist zwar noch nicht bewiesen, aber wer heute diese Hypothese aufstellt, wird in Physikerkreisen kaum noch belächelt. Ich möchte dich bitten, die folgenden Seiten zu lesen, um zu verstehen, was ich mit diesem Kapitel ausdrücken möchte und was meine Absicht ist.

Was bedeutet das für uns?

Wenn es wirklich verschiedene Zeitlinien gibt, dann kann auch dieses Buch dazu beitragen, uns Menschen in eine bewusstere, angstfreiere Realität zu führen. Die Kapitel dieses Buches können ein Schlüssel sein, um viele Menschen auf eine höhere, friedvollere Frequenz einzustimmen.

Was sind Zeitlinien und alternative Realitäten?

Die Vorstellung, dass es nur eine Realität gibt, ist eine Illusion. Seit Jahrhunderten sprechen spirituelle Lehren, Quantenphysiker und visionäre Denker von der Existenz paralleler Zeitlinien - Realitäten, die gleichzeitig existieren, aber je nach unseren Entscheidungen, Emotionen und unserem Bewusstsein variieren.

Zeitlinien sind nicht starr, sondern veränderlich und flexibel. Jeder Moment, jede Entscheidung eröffnet neue Möglichkeiten, neue Wege - als bewegten wir uns durch ein riesiges Netz potenzieller Zukünfte. Die Frage ist: Für welche Zeitlinie entscheiden wir uns?

In der Quantenphysik gibt es Theorien, die besagen, dass alle möglichen Zukünfte bereits existieren - und unser Bewusstsein entscheidet, welche davon für uns Wirklichkeit wird. Mit anderen Worten: Unser Denken, unser Handeln, unsere Schwingungen beeinflussen unsere Realität stärker, als wir glauben.

Gibt es Beweise für parallele Zeitlinien?

Während die Wissenschaft keine eindeutigen Beweise liefern kann, gibt es zahlreiche Berichte von Menschen, die sich plötzlich in einer veränderten Realität wiederfinden - sei es durch Déjà-vus, spontane Erinnerungen an alternative Vergangenheiten oder Nahtoderfahrungen, in denen sie eine andere Version ihres Lebens sehen. Ist es möglich, dass wir ständig zwischen Zeitlinien wechseln, ohne es zu merken?

Können wir unsere Zukunft bewusst verändern?

Die große Frage lautet: Sind wir Opfer einer vorgegebenen Zeitlinie oder können wir sie bewusst gestalten? Die Antwort lautet: Ja, wir können sie verändern.

Unsere Realität wird nicht nur durch äußere Umstände bestimmt, sondern vor allem durch unsere inneren Überzeugungen, Emotionen und Handlungen. Alles, was wir aussenden - Gedanken, Frequenzen, Energie - beeinflusst das Feld der Möglichkeiten und steuert unsere Zeitlinie.

Wie können wir unsere Zeitlinie beeinflussen?

- Unsere Gedanken bewusst wahrnehmen - Negative Gedanken halten uns auf einer Zeitlinie der Angst, während eine positive Ausrichtung uns auf eine Zeitlinie des Wachstums bringt.

- Emotionen als Kompass nutzen - Angst, Wut und Zweifel verankern uns in einer niedrig schwingenden Realität, während Freude, Vertrauen und Liebe uns auf eine höhere Ebene heben.

- Bewusst handeln - Jede bewusste Entscheidung, die im Einklang mit unserem Herzen steht, verändert unsere Zeitlinie.

Die Zukunft ist nicht in Stein gemeißelt. Sie verändert sich in jedem Moment - je nachdem, wie wir unser Bewusstsein ausrichten.

Die Macht der Gedanken: Wie unser Bewusstsein unsere Zeitlinie bestimmt

Unsere Gedanken sind wie Sender, die Signale ins Universum aussenden. Das Gesetz der Resonanz besagt, dass wir das anziehen, was wir aussenden. Wer ständig in Angst und Zweifel lebt, wird in eine Zeitlinie eintreten, die genau diese Realität widerspiegelt. Wer hingegen in Vertrauen und Dankbarkeit lebt, öffnet sich einer höheren Wirklichkeit.

Die Wirklichkeit als Spiegel unseres Bewusstseins

Die Welt zeigt uns genau das, was wir glauben.

- **Wer an Mangel glaubt, wird ihn erfahren.**
- **Wer an Krankheit glaubt, wird sie anziehen.**
- **Wer an Liebe glaubt, wird Liebe erfahren.**

Wenn wir unsere Gedanken bewusst lenken, können wir unsere Realität verändern - nicht durch Zwang, sondern durch innere Klarheit und Fokussierung. Es gibt keine feste Zukunft - es gibt nur Wahrscheinlichkeiten, die wir mit unserem Bewusstsein beeinflussen.

Wie wir unsere Überzeugungen und Zeitlinien bewusst verändern können

Wenn wir erkennen, dass unsere Gedanken unsere Realität formen, stellt sich die nächste Frage: Wie können wir unsere alten Glaubenssätze auflösen und bewusst eine neue Zeitlinie wählen?

Unsere Überzeugungen sind nicht fest - sie wurden über Jahre hinweg geformt, aber sie können verändert werden. Je tiefer ein Glaubenssatz verankert ist, desto stärker beeinflusst er unser Leben. Wenn wir unsere Realität verändern wollen, müssen wir zuerst unsere Denkmuster umprogrammieren.

Bewusstsein schaffen: Welche Glaubenssätze kontrollieren dich?

Viele Menschen leben mit Glaubenssätzen, die ihnen gar nicht bewusst sind. Sie wurden durch Erziehung, Gesellschaft oder persönliche Erfahrungen geprägt.

„Ich bin nicht gut genug."

„Ich habe kein Glück."

„Das Leben ist schwer."

Solche Überzeugungen halten uns auf einer Linie der Begrenzung. Der erste Schritt zur Veränderung ist, diese Überzeugungen zu erkennen.

Neue Überzeugungen durch Affirmationen aufbauen.

Affirmationen sind bewusste, positive Gedanken, die wir immer wieder wiederholen, um unser Unterbewusstsein umzuprogrammieren.

Statt
„Ich bin nicht gut genug" sagen wir:
„Ich bin wertvoll und fähig".

Statt
„Ich habe kein Glück" sagen wir:
„Ich schaffe mein Glück".

Statt
„Das Leben ist schwierig" sagen wir:
„Das Leben ist voller Möglichkeiten".

Visualisierung - das neue Selbst erleben

Unser Unterbewusstsein unterscheidet nicht zwischen Realität und Vorstellung. Wenn wir uns regelmäßig in unserer neuen Wunschzeitlinie visualisieren, beginnt sich unser Verstand darauf auszurichten.

Emotionale Energie nutzen

Nicht nur Gedanken, sondern vor allem Emotionen formen unsere Zeitlinie. Wer tief fühlt, verändert seine Schwingung und zieht neue Möglichkeiten an. Deshalb ist Dankbarkeit eine der stärksten Energien, um sich neu auszurichten.

Handeln - bewusst neue Wege gehen

Jede Entscheidung, die wir bewusst treffen, stärkt unsere neue Zeitlinie. Kleine Veränderungen im Alltag summieren sich zu einem neuen Leben.

Gibt es ein kollektives Erwachen? Welche Rolle spielt dabei der Tod?

Viele Menschen haben das Gefühl, dass sich die Welt verändert - dass die alte Ordnung bröckelt und ein neues Bewusstsein entsteht. Aber was bedeutet das genau?

Wir leben in einer Zeit des Übergangs. Immer mehr Menschen erkennen, dass die Wirklichkeit nicht so ist, wie sie uns lange Zeit vermittelt wurde. Sie hinterfragen Systeme, Überzeugungen und das, was ihnen über Leben und Tod beigebracht wurde.

Tod als Schlüssel zum Erwachen

Viele Menschen erwachen erst durch die direkte Konfrontation mit dem Tod. Sei es durch eine persönliche Krise, eine Krankheit oder eine Nahtoderfahrung - oft ist es der Tod, der uns zwingt, unsere Perspektive auf das Leben zu überdenken.

Wenn wir den Tod nicht mehr als Feind, sondern als Übergang begreifen, verlieren wir die größte Angst, die uns klein hält. Und wenn wir diese Angst loslassen, sind wir endlich frei, das Leben wirklich zu leben.

Der Wandel beginnt in uns

Das kollektive Erwachen kommt nicht von außen. Es beginnt in jedem von uns. Je mehr Menschen sich bewusst für eine Zeit des Friedens, der Freiheit und der Liebe entscheiden, desto stärker wird diese Realität für alle.

> **Denn am Ende gibt es nur eine Wahrheit: Wir sind die Schöpfer unserer eigenen Realität.**

Glossar – Spirituelle Begriffe und Konzepte

Körper, Geist und Seele – Die Wechselwirkungen

Die menschliche Existenz ist ein Zusammenspiel von Körper, Geist und Seele, die miteinander verbunden sind und sich gegenseitig beeinflussen. Jeder dieser drei Aspekte spielt eine wesentliche Rolle im irdischen Leben und im Übergang nach dem Tod.

Körper – Das physische Gefäß

Der Körper ist das materielle Instrument, das durch das Wir auf der Erde existiert. Er ermöglicht uns zu fühlen, zu handeln und zu erleben. Er wird geboren, wächst, altert und vergeht schließlich. Nach dem Tod verfällt der Körper und kehrt zu seinen ursprünglichen Elementen zurück. Doch er ist nicht das, was uns wirklich ausmacht – er ist nur ein temporäres Gefäß für die Seele.

Geist – Das Bewusstsein und die mentale Ebene

Der Geist ist das, was uns denken, lernen und reflektieren lässt. Er umfasst unser Bewusstsein, unser Unterbewusstsein, unsere Erinnerungen und unser Ego. Der Geist hat einen direkten Einfluss auf den Körper. Gedanken können Heilung oder Krankheit auslösen, Emotionen können den Körper stärken oder schwächen. Viele spirituelle Lehren gehen davon aus, dass der Geist nach dem Tod auf

der Erde verbleibt, solange er noch unerledigte Aufgaben oder An-
haftungen hat.

Seele – Der unsterbliche Funke

Die Seele ist das wahre Wesen des Menschen. Sie ist seine Essenz,
sein göttlicher Funke. Sie existiert unabhängig von Körper und
Geist. Sie durchläuft den Kreislauf von Geburt und Wiedergeburt
(Reinkarnation). Während der Geist an das irdische Dasein gebunden sein kann, ist die Seele zeitlos und kehrt nach dem Tod in höhere Dimensionen zurück. Ihr Ziel ist es, sich zu entwickeln, Erfahrungen zu sammeln und sich zu vervollkommnen.

Wechselwirkungen zwischen Körper, Geist und Seele

- **Gedanken beeinflussen den Körper**: Negative Gedanken
  und Emotionen können zu körperlichen Erkrankungen führen, während positive, friedliche Gedanken Heilungspro-
  zesse aktivieren können.

- **Der Körper formt den Geist**: Eine gesunde Lebensweise
  (Bewegung, Ernährung, Atmung) fördert einen klaren Geist
  und tiefere spirituelle Erfahrungen.

- **Die Seele gibt Impulse**: Die Seele sendet über Intuition
  und innere Eingebungen Botschaften an den Geist, um ihn
  in die richtige Richtung zu lenken.

Was geschieht beim Tod?

- Der **Körper** vergeht und kehrt zur Erde zurück.

- Der **Geist** kann als energetischer Abdruck zurückbleiben
  (z.B. in Form von Erinnerungen oder spirituellen Erschei-
  nungen).

- Die **Seele** steigt auf und setzt ihre Reise in andere Dimensionen fort.

Der Tod ist daher keine Zerstörung, sondern eine Trennung dieser drei Komponenten – der Beginn eines neuen Abschnitts auf einer höheren Bewusstseinsebene.

Verwurzelte Symbole

Engel, Erzengel, Teufel, Satan und gefallene Engel sind tief in den religiösen und spirituellen Traditionen der Welt verwurzelt. Während Engel und Erzengel oft als göttliche Helfer und Boten gesehen werden, stehen Teufel, Satan und gefallene Engel meist für die dunklen Seiten der Schöpfung - sei es als Versucher, als Symbole der Rebellion oder als herausfordernde Kräfte.

Letztlich sind diese Begriffe nicht nur Teil religiöser Traditionen, sondern auch tief verwurzelte Archetypen, die in der Menschheitsgeschichte immer wieder als Sinnbilder für Gut, Böse, Versuchung, Erlösung und spirituelle Entwicklung auftauchen.

Was sind Engel?

Engel sind geistige Wesen, die in vielen Religionen und Glaubenssystemen als Boten Gottes oder als übernatürliche Wesen beschrieben werden. Sie gelten als Mittler zwischen der göttlichen und der irdischen Welt und besitzen meist besondere Fähigkeiten wie Schutz, Führung und Inspiration. In der christlichen, jüdischen und islamischen Tradition gelten Engel als lichte, reine Wesen, die im Dienste Gottes stehen und seine Weisungen ausführen.

In den verschiedenen Kulturen gibt es unterschiedliche Vorstellungen von Engeln: In der Bibel erscheinen sie oft als geflügelte Wesen oder als Lichtgestalten. Manche Engel gelten als persönliche Schutzengel, die den Menschen begleiten und vor Gefahren bewahren. In der Esoterik gelten Engel auch als Energie- oder Lichtwesen, die über eine hohe Schwingungsfrequenz verfügen und uns auf unserem spirituellen Weg unterstützen können.

In einigen Traditionen sind Engel höhere Bewusstseinsformen, die jenseits der physischen Welt existieren und uns in entscheidenden Momenten Inspiration oder Schutz bieten. Manche Menschen erleben sie als innere Stimmen, intuitive Eingebungen oder liebevolle Energien, die in schweren Zeiten Trost spenden.

Was sind Erzengel?

Erzengel sind eine besondere Klasse von Engeln, die in der himmlischen Hierarchie eine höhere Stellung einnehmen. Das Wort "Erzengel" stammt aus dem Griechischen und bedeutet "oberster Engel" oder "Hauptengel". Ihnen werden oft besondere Aufgaben zugeschrieben, wie der Schutz der Menschheit, die Führung der Seelen oder der Kampf gegen das Böse.

Einige bekannte Erzengel sind:

- **Erzengel Michael:** Der Anführer der himmlischen Heerscharen, bekannt als Schutzpatron und Kämpfer gegen das Böse. Er wird häufig mit einem Schwert dargestellt.

- **Erzengel Gabriel:** Der Bote Gottes, der in vielen religiösen Schriften Botschaften überbringt. In der Bibel verkündet er Maria die Geburt Jesu.

- **Erzengel Raphael:** Der Engel der Heilung, sowohl körperlich als auch geistig. Er spielt eine wichtige Rolle im Buch Tobit des Alten Testaments.

- **Erzengel Uriel:** Der Lichtbringer und Vermittler göttlicher Weisheit. Er wird mit Feuer und Erleuchtung in Verbindung gebracht.

In esoterischen und spirituellen Lehren gibt es weitere Erzengel, die für verschiedene Aspekte des Lebens zuständig sind, wie Schutz, Weisheit, Heilung oder Transformation.

Was ist ein gefallener Engel?

Gefallene Engel sind Engel, die aus dem Himmel verbannt wurden, weil sie sich gegen Gott aufgelehnt haben. Der bekannteste gefallene Engel ist Luzifer, der nach christlicher Überlieferung gegen Gott rebellierte und daraufhin mit seinen Anhängern aus dem Himmel gestürzt wurde. Dies wird oft als "der große Sündenfall" bezeichnet.

Die Vorstellung von gefallenen Engeln findet sich in verschiedenen religiösen und mythologischen Traditionen:

- Im Christentum basiert die Vorstellung auf Passagen aus der Bibel, insbesondere Jesaja 14:12-15 und Offenbarung 12:7-9, in denen von Luzifers Fall und dem Kampf der Engel gesprochen wird.

- In der jüdischen Tradition gibt es Erzählungen von Engeln, die sich mit Menschen vermischten und dadurch aus dem Himmel verbannt wurden (wie in der Geschichte der Nephilim in 1. Mose 6:1-4).

- In der islamischen Tradition ist Iblis eine ähnliche Figur, die sich aus Stolz gegen Gott auflehnte.

Gefallene Engel werden oft mit Versuchung, Sünde und Chaos, aber auch mit Freiheit und Unabhängigkeit in Verbindung gebracht. In manchen esoterischen Lehren werden sie nicht nur als böse angesehen, sondern auch als Wesen, die aus einer anderen Perspektive handeln und den Menschen lehren können, durch eigene Erfahrungen zu wachsen.

Was sind Geistführer?

Geistführer sind spirituelle Begleiter, die unsere Seele durch das Leben führen. Oft sind es verstorbene Seelen, die eine tiefere Weisheit besitzen und sich entschieden haben, aus höheren Dimensionen zu helfen. Im Gegensatz zu Engeln, die als universelle Boten fungieren, sind Geistführer meist persönliche Wegweiser, die mit unserer Seelenreise verbunden sind. Sie senden uns Zeichen, führen uns durch Intuition oder Träume und helfen uns, unsere Lebensaufgabe zu erkennen.

Was ist der Teufel?

Der Teufel gilt in vielen Religionen als das personifizierte Böse. In der christlichen und islamischen Tradition wird er oft als gefallener Engel dargestellt, der sich gegen Gott aufgelehnt hat und seitdem das Böse in der Welt verbreitet.

Der Name "Teufel" leitet sich vom griechischen Wort diabolos ab, was "Verleumder" oder "Verwirrer" bedeutet. Er wird als Versucher der Menschen beschrieben, der sie vom rechten Weg abbringen will. In vielen Darstellungen erscheint der Teufel als gehörnte Gestalt mit Schwanz und Flügeln, doch stammt diese Vorstellung größtenteils aus dem Mittelalter.

In der christlichen Theologie gilt der Teufel als Herrscher der Hölle, der die Seelen der Verdammten empfängt. In anderen Religionen und esoterischen Lehren wird der Teufel jedoch nicht immer als absolut böse, sondern manchmal auch als herausfordernde und prüfende Kraft angesehen.

Was ist Satan?

Satan ist eine spezifische Bezeichnung für den Teufel und stammt aus dem Hebräischen (satan), was "Gegner" oder "Widersacher" bedeutet. In der jüdischen Tradition erscheint Satan als eine Art Ankläger, der die Menschen prüft und vor Gott richtet.

Im Christentum wird Satan oft mit Luzifer gleichgesetzt, dem gefallenen Engel, der sich gegen Gott aufgelehnt hat. In der Offenbarung des Johannes wird er als "alter Drache" oder "alte Schlange" bezeichnet, der gegen das Göttliche kämpft.

194

Im Islam ist Satan (Iblis) ein Dschinn, der sich weigerte, sich vor Adam zu verneigen und deshalb von Gott verstoßen wurde. Er gilt als Feind der Menschheit, der versucht, die Gläubigen auf den falschen Weg zu führen.

Satan wird in verschiedenen spirituellen und philosophischen Traditionen unterschiedlich interpretiert - manchmal als Verkörperung des Egos, manchmal als Illusion, die den Menschen von der Wahrheit ablenkt.

Was sind Zeitlinien?

Zeitlinien sind mögliche Stränge der Realität, die parallel existieren. Nach spirituellen und quantenphysikalischen Theorien gibt es nicht nur eine festgelegte Zukunft, sondern viele Wahrscheinlichkeiten, die sich basierend auf unseren Entscheidungen entfalten. Jeder Mensch kann durch seine Gedanken, Emotionen und Handlungen beeinflussen, auf welcher Zeitlinie er sich befindet. Auch eine Veränderung des Bewusstseins kann das eigene Schicksal beeinflussen und in eine andere Realität führen.

Was ist eine Seelenwanderung?

Seelenwanderung ist die Vorstellung, dass die Seele nach dem physischen Tod nicht verschwindet, sondern in einem Körper wiedergeboren wird. Diese Vorstellung ist in vielen Kulturen und Religionen verwurzelt, insbesondere im Hinduismus, Buddhismus und in indigenen spirituellen Traditionen. Die Seelenwanderung wird als ein Entwicklungsprozess verstanden, in dem die Seele über mehrere Leben hinweg lernt, wächst und sich weiterentwickelt, bis sie ihre höchste Stufe erreicht.

Was ist Karma?

Karma ist das Gesetz von Ursache und Wirkung, das besagt, dass jede Handlung, jeder Gedanke und jedes entsprechende Gefühl eine Reaktion hervorruft, sei es in diesem Leben oder in einem späteren. Gutes Karma entsteht durch liebevolles und aufrichtiges Handeln, schlechtes Karma durch destruktives oder egoistisches Handeln. Es wird oft als das „kosmische Konto" der Seele betrachtet, das sich über verschiedene Inkarnationen hinweg ausgleicht.

Was ist die Akasha-Chronik?

Die Akasha-Chronik wird als das universelle Gedächtnis des Universums beschrieben – ein feinstofflicher Speicher, in dem jede Erfahrung, jeder Gedanke und jede Seele aufgezeichnet sind. Manche spirituelle Lehrer bezeichnen sie als das „Buch des Lebens". Einige Menschen mit spirituellen Fähigkeiten behaupten, in der Akasha-Chronik lesen zu können, um tiefere Einsichten über vergangene Leben, zukünftige Möglichkeiten oder verborgene Wahrheiten zu erhalten. In dieser Chronik soll das gesamte Wissen über die Schöpfung und die Entwicklung der Seelen gespeichert sein.

Initiation

Darunter versteht man auch die Einführung eines Außenstehenden (eines Anwärters) in eine Gemeinschaft oder den Aufstieg einer Person in einen anderen persönlichen Seinszustand (Status), z.B. von der Novizin zur Nonne oder vom Laien zum Schamanen, oder den Aufstieg einer Seele in eine neue Dimension in einem anderen Bewusstsein.

Anhang: Informationen zur Meditation

Was ist Meditation?

Meditation ist eine Praxis, die dazu dient, den Geist zu beruhigen, die Konzentration zu fördern und das Bewusstsein auf den gegenwärtigen Moment zu lenken. Sie kann spiritueller, therapeutischer oder einfach entspannender Natur sein. Je nach Technik stehen unterschiedliche Aspekte im Vordergrund: Atemkontrolle, Visualisierung, Mantras, Achtsamkeit oder Körperwahrnehmung.

Die positiven Wirkungen der Meditation sind vielfältig: Sie baut Stress ab, fördert die geistige Klarheit, stärkt das Immunsystem und kann sogar bei der Verarbeitung emotionaler Traumata helfen.

Verschiedene Meditationsarten

1. Transzendentale Meditation (TM)

Diese Technik wurde von Maharishi Mahesh Yogi entwickelt und basiert auf der stillen Wiederholung eines Mantras. TM wird zweimal täglich 20 Minuten lang in entspannter Sitzhaltung praktiziert. Sie soll zu tiefer Entspannung und größerer geistiger Klarheit führen. TM ist im Westen besonders beliebt, da sie leicht zu erlernen ist und keine spezielle Körperhaltung erfordert.

2. Vipassana-Meditation

Vipassana ist eine der ältesten von Buddha gelehrten Meditationspraktiken. Im Mittelpunkt steht die achtsame Selbstbeobachtung - insbesondere die Wahrnehmung des Atems, der Körperempfindungen und der Gedankenmuster. Sie wird oft in mehrtägigen Schweige-Retreats praktiziert.

3. Zen-Meditation (Zazen)

Diese buddhistische Meditationsform wird meist in einer aufrechten Sitzhaltung (z.B. im Lotussitz) praktiziert. Der Meditierende konzentriert sich auf den Atem oder auf ein Koan (eine paradoxe Frage, z.B. „Wie klingt eine klatschende Hand"). Ziel ist es, den Geist zu leeren und zur absoluten Präsenz zu gelangen.

4. Metta-Meditation (Liebende-Güte-Meditation)

Diese Meditation stammt aus dem Buddhismus und konzentriert sich auf die Entwicklung von Mitgefühl und Liebe. Der Praktizierende wiederholt positive Sätze wie „Möge ich glücklich sein, möge ich frei von Leid sein" - zunächst für sich selbst, dann für geliebte Menschen und schließlich für alle Lebewesen.

5. Kundalini-Meditation

Diese Praxis stammt aus dem Yoga und zielt darauf ab, die Kundalini-Energie, die am unteren Ende der Wirbelsäule ruht, zu erwecken. Durch Atemtechniken (Pranayama), Mantras und Bewegungen soll die Energie durch die Chakren (Energiezentren) aufsteigen und zur spirituellen Erleuchtung führen.

6. Meditieren in einer Pyramide

Diese spezielle Form der Meditation nutzt die geometrische Form einer Pyramide, um die Energie des Meditierenden zu verstärken. Die Meditation in einer Pyramide kann tiefere Bewusstseinszustände, geistige Klarheit und Heilung bewirken.

7. Autogenes Training

Diese aus der westlichen Psychologie stammende Methode nutzt die Selbsthypnose mit formelhaften Sätzen wie „Mein rechter Arm wird warm und schwer" zur Tiefenentspannung. Sie ist besonders hilfreich bei Stress, Schlafproblemen und psychosomatischen Beschwerden.

8. Klangschalenmeditation

Dabei kommen tibetische Klangschalen zum Einsatz, die sanfte Schwingungen und Klänge erzeugen. Diese Klänge sollen den Geist beruhigen, emotionale Blockaden lösen und eine tiefe Entspannung herbeiführen. Oft wird diese Meditation in Kombination mit Reiki oder anderen Heilmethoden angewandt.

9. Waldbaden (Shinrin Yoku)

Diese aus Japan stammende Achtsamkeitspraxis verbindet Meditation mit dem Aufenthalt in der Natur. Durch langsames Gehen, bewusstes Atmen und Wahrnehmen der Umgebung (Geräusche, Gerüche, Farben) wird Stress abgebaut und das Immunsystem gestärkt.

10. Yoga-Meditation

Yoga ist nicht nur körperliche Ertüchtigung, sondern auch Meditation. Viele Yogastile wie Hatha Yoga, Kundalini Yoga oder Kriya Yoga enthalten meditative Elemente, die durch Atemtechniken und Körperhaltungen das Bewusstsein vertiefen.

11. Chakra-Meditation

Diese Meditation konzentriert sich auf die sieben Hauptchakren des Körpers. Durch Visualisierung und Atemübungen werden Energieblockaden gelöst und das innere Gleichgewicht gefördert.

12. Trataka (Meditation mit Fixierung eines Objekts)

Bei dieser Technik wird der Blick auf einen einzigen Punkt - meist eine Kerzenflamme oder ein Symbol - gerichtet. Dies schärft die Konzentration und fördert die geistige Klarheit.

13. Mantra-Meditation

Hier wird ein heiliges Wort oder eine Silbe (z.B. „Om") wiederholt, um den Geist zu beruhigen und tiefere Bewusstseinszustände zu erreichen.

14. Gehmeditation (Kinhin)

Diese Meditation wird häufig im Zen-Buddhismus praktiziert. Man geht langsam und aufmerksam, synchron mit dem Atem, um ein tiefes Gefühl der Präsenz und Achtsamkeit zu entwickeln.

15. Pranayama-Meditation (Atemmeditation)

Diese Praxis verwendet spezielle Atemtechniken, um den Geist zu beruhigen und die Lebensenergie (Prana) zu kontrollieren. Ein bekanntes Beispiel ist die Wechselatmung (Nadi Shodhana).

16. Tanz- und Bewegungsmeditation (Osho Meditation)

Diese aktive Meditationsform wurde von Osho entwickelt und besteht aus Phasen intensiver körperlicher Bewegung, emotionalem Ausdruck und Stille. Sie eignet sich besonders für Menschen, die Schwierigkeiten mit stiller Meditation haben.

17. Kristall-Meditation

Hier werden Edelsteine oder Kristalle zur Unterstützung der Meditation eingesetzt. Je nach Stein werden ihnen bestimmte energetische Wirkungen zugeschrieben.

18. Traumreisen (Geführte Meditation)

Geführte Meditationen, oft mit Musik und einer beruhigenden Stimme, führen den Meditierenden an einen entspannten inneren Ort - zum Beispiel an einen Strand oder in einen Wald.

19. Nada Yoga (Meditation mit inneren Klängen)

Um den Geist in einen Zustand tiefer Entspannung zu versetzen, konzentriert sich diese Meditation auf das Lauschen innerer Klänge.

20. Samadhi-Meditation (Tiefe Versenkung)

Dies ist die höchste Stufe der Meditation im Yoga, bei der das Ego und die individuelle Identität vollständig aufgelöst werden und nur reines Bewusstsein übrig bleibt.

Es gibt eine Vielzahl von Meditationstechniken - von der stillen Meditation über die Bewegungsmeditation bis hin zur Klangmeditation. Jede hat ihren eigenen Zugang zu innerer Ruhe, Klarheit und spiritueller Entwicklung.

Für Anfänger eignen sich geführte Meditationen, Achtsamkeitsmeditation oder Yogameditation. Fortgeschrittene können sich in Techniken wie TM, Vipassana oder Samadhi vertiefen.

Anhang: Die Vision des Enoch - die älteste Offenbarung Gottes

Gott spricht zum Menschen

Diese älteste Offenbarung Gottes, unseres Schöpfers des Universums, hat für mich persönlich eine ganz besondere Bedeutung, die ich dir nicht vorenthalten möchte.

Ich spreche zu dir.
Sei still
Wisse
Ich bin Gott.

Ich sprach zu dir, als du geboren wurdest.
Ich sprach zu dir bei deinem ersten Blick.
Ich sprach zu dir bei deinem ersten Wort.
Sei still – Wisse – Ich bin Gott.

Ich sprach zu dir bei deinem ersten Gedanken.
Ich sprach zu dir bei deiner ersten Liebe.
Ich sprach zu dir bei deinem ersten Lied.
Sei still – Wisse – Ich bin Gott.

Ich spreche zu dir durch das Gras der Wiese.
Ich spreche zu dir durch die Bäume der Wälder.
Ich spreche zu dir durch die Täler und Hügel.
Ich spreche zu dir durch die heiligen Berge.
Sei still – Wisse – Ich bin Gott.

Ich spreche zu dir durch Regen und Schnee.
Ich spreche zu dir durch die Wogen des Meeres.
Ich spreche zu dir durch den Tau des Morgens.
Ich spreche zu dir durch den Abendfrieden.
Sei still – Wisse – Ich bin Gott.

Ich spreche zu dir durch das Leuchten der Sonne.
Ich spreche zu dir durch die funkelnden Sterne.
Ich spreche zu dir durch den Sturm und die Wolken.
Ich spreche zu dir durch Donner und Blitz.

Ich spreche zu dir durch den geheimnisvollen Regenbogen.
Sei still – Wisse – Ich bin Gott.

Ich werde zu dir sprechen, wenn du allein bist.
Sei still – Wisse – Ich bin Gott.

Ich werde zu dir sprechen durch die Weisheit der Alten.
Sei still – Wisse – Ich bin Gott.

Ich werde zu dir sprechen am Ende der Zeit.
Sei still – Wisse – Ich bin Gott.

Ich werde zu dir sprechen, wenn du meine Engel gesehen hast.
Sei still – Wisse – Ich bin Gott.

Ich werde zu dir sprechen in Ewigkeit.
Sei still – Wisse – Ich bin Gott.

Ich spreche zu dir.
Sei still
Wisse
Ich bin Gott.

Erst durch diese Botschaft wurde mir die Allgegenwart Gottes bewusst. Es fiel mir wie Schuppen von den Augen, von Sekunde zu Sekunde verstand ich mehr und mehr, dass Gott überall ist. In Gedanken ließ ich Situationen meines bisherigen Lebens Revue passieren und stellte fest, dass ich Gott gespürt hatte, wenn ich in der Abenddämmerung die Stille genoss oder staunend den Tau des Morgens betrachtete, oder wenn ich am Meer saß und Stunde um Stunde dem Rauschen der Wellen lauschte. Oder wenn ich im Wald saß und spürte, wie die Natur von mir Besitz ergriff. Diese Offenbarung lese ich immer noch jeden Tag, bevor ich bete und meditiere. Es macht mich noch heute unbeschreiblich glücklich, dass diese Botschaft eines Tages den Weg zu mir gefunden hat!

Es wäre mir eine Freude, wenn auch Du Dich von diesen Zeilen, von dieser Botschaft Gottes berühren lässt.

Die Zukunft bewusst gestalten

Frage: Wenn du in einer anderen Realität leben könntest - wie sähe diese aus?

Übung: Schreibe auf, wie du am liebsten leben würdest. „Tu heute eine kleine Sache, die dich diesem Leben näher bringt."

Ein Symbol der Wahrheit & des Schutzes

Sprache ist vergänglich, im Laufe der Jahrtausende sind Sprachen entstanden und wieder verschwunden, was bleibt sind Symbole. Symbole unserer Vorfahren. Ich möchte dir hier die Synergie und Kraft von 3 Symbolen vorstellen: In der Mitte das Ankh (☥) - das ägyptische Symbol für das ewige Leben, es steht für die Unsterblichkeit und den Fortbestand der Seele. Als zweites siehst du die Blume des Lebens (eine heilige Geometrie). Sie ist ein kraftvolles universelles Muster, das die Verbundenheit aller Seelen mit dem Kosmos darstellt. Diese beiden kraftvollen Symbole sind eingebettet in das „Torus-Feld", ein Symbol aus Atlantis. Der Torus steht für den ewigen Fluss des Universums und für das unsterbliche Bewusstsein. Ich bitte dich, dieses neue Symbol auf dich wirken zu lassen und die Kraft des Universums zu spüren.

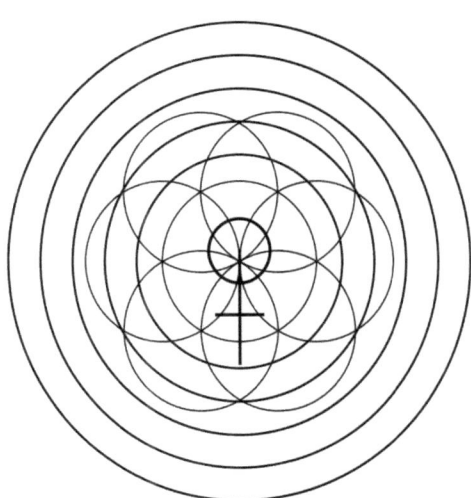

Eine Botschaft an Dich – Werde ein Lichtträger der Wahrheit

Liebe Leserin, lieber Leser,

Dieses Buch ist mehr als Worte auf Papier. Es ist eine Botschaft, die über die Grenzen von Raum und Zeit hinweg zu dir gekommen ist. Eine Wahrheit, die verborgen wurde - gestohlen von denen, die Kontrolle ausüben wollten. Aber die Wahrheit kann nicht ewig verborgen bleiben.

- Du hast jetzt das Wissen in Deinen Händen.
- Du weißt, dass der Tod nicht das Ende ist.
- Du weißt, die Seele ist unsterblich.
- Du weißt, dass jede Seele immer wiederkehrt, um sich zu entfalten und zu wachsen.
- Und Du weißt, dass diese Wahrheit jahrhundertelang unterdrückt wurde.

Doch jetzt liegt es an Dir.

Bist Du bereit, diese Botschaft in die Welt zu tragen? Bist Du bereit, den Schleier zu lüften?

Teile, was Du gelernt hast. Sprich mit Menschen darüber. Verbreite diese Erkenntnis. Es ist kein Zufall, dass Du dieses Buch liest. Du bist ein Teil von etwas Größerem.

Du bist das Licht, das andere erwecken kann.

Die Wahrheit verbreitet sich nicht durch Gewalt, sondern durch Bewusstsein. Lasst uns das Wissen zurückbringen, das gestohlen wurde!

Danke, dass Du ein Teil dieser Mission bist.